Hinweise zu den verwendeten Piktogrammen

- ⇢ Erklärung eines Fachbegriffs
- Zitat
- Schon gehört?
- Tipps und Anregungen

Redaktion: Gabriele Gassen M. A.

Die Deutsche Bibliothek – CIP-Einheitsaufnahme
**Bossemeyer, Susanne:**
Katzen: Geliebt, gehasst, verehrt – und rätselhaft/
Susanne Bossemeyer, Martin Junker. –
Mannheim; Leipzig; Wien; Zürich: Meyers Lexikonverl., 1999
(Faszination von A bis Z)
ISBN 3-411-08331-X

Das Wort MEYER ist für den Verlag
Bibliographisches Institut & F. A. Brockhaus AG
als Marke geschützt.

Das Werk wurde in neuer Rechtschreibung verfasst.


Gestaltungskonzept: Peter Oehjne Design, Frankfurt am Main
Redaktion und Produktion: Thema Produktmarketing und
Werbung GmbH, München
Druck und Bindung: Franz Spiegel Buch GmbH, Ulm
Printed in Germany

Faszination von A bis Z

# Katzen

## Geliebt, gehasst, verehrt – und rätselhaft

Susanne Bossemeyer/Martin Junker



MEYERS LEXIKONVERLAG

# Teil I

# Geheimnisvolle Welt der Katzen

Seit Jahrtausenden leben wir mit ihnen unter einem Dach. Doch kein anderes Haustier gibt uns so viele Rätsel auf wie die Katze. Wir sind entzückt von der Anmut ihrer Bewegungen, dann wieder irritiert vom Verhalten des Raubtiers, das sie auch ist. Mal zeigt sie sich zärtlich und anschmiegsam, im nächsten Augenblick unbändig und wild. Auf der einen Seite ist sie die fürsorgliche Mutter, auf der anderen die erbarmungslose Jägerin. Sie folgt ihren Instinkten, lebt nach den Regeln der Natur.

Unsere Vorfahren hatten hohen Respekt vor den Katzen, doch war ihr Verhältnis zu ihnen durchaus zwiespältig: Die Tiere galten als Sinnbild für Gut und Böse gleichermaßen. Die Katze war als Mäusefängerin hoch geachtet, und die Menschen glaubten, dass sie als Verbündete von Hexen und Zauberern mit übersinnlichen Kräften ausgestattet sei.

Mit gelassener Selbstbestimmtheit geht die Katze ihrer Wege, hoheitsvoll und mit wahrhaft philosophischer Ausstrahlung – darin mag wohl einer der Gründe für ihre Beliebtheit liegen.

# Von Katzen und Menschen

„Katzen lieben Menschen viel mehr, als sie zugeben wollen, aber sie besitzen ebenso viel Weisheit, dass sie es für sich behalten.“
*Mary E. Wilkins Freeman (1852–1930), amerikanische Schriftstellerin*

Hinter dem Verhältnis von Menschen und Katzen steht die Geschichte einer Beziehung mit Höhen und Tiefen. Sie ist geprägt von göttlicher Verehrung oder abgrundtiefem Hass, von behütender Fürsorge oder erbitterter Verfolgung. Hund und Huhn gehörten längst zum Haus, als sich Mensch und Katze noch eher gleichgültig waren. Unseren Vorfahren imponierten zwar die Jagdfähigkeiten der Katze, und sie hätten sich diese gern zunutze gemacht, doch die Räuber der Wälder waren wild und eigensinnig. Auch zogen unsere Urahnen als Nomaden jagend und sammelnd durch die Lande und konnten deshalb mit den ortsgebunden lebenden Katzen noch keine Gemeinschaft eingehen. In den Höhlen der Steinzeitmenschen sind Katzenknochen gefunden worden; die Wissenschaftler schließen daraus, dass sich Katzen schon vor 9000 Jahren in der Nähe von menschlichen Behausungen aufgehalten haben müssen.

## Willkommene Mäusejäger

„Die Tyrannei der Katze ist besser als die Gerechtigkeit der Maus.“
*Arabisches Sprichwort*

Als die Menschen sesshaft wurden, sich Vorräte anlegten, die sie in den Lagerhäusern ihrer Siedlungen verwahrten, begann ihr enges Verhältnis zu den Katzen, das von gegenseitigem Geben und Nehmen bestimmt wurde. Es war etwa in der Zeit um 4000 v. Chr., als die Ägypter am Oberlauf des Nils riesige Getreidespeicher errichteten. Diese zogen – zwangsläufig – Mäuse, Ratten und andere Schädlinge an, die wiederum ein gefundenes Fressen für die Katzen der Umgebung waren. Weil die vollendeten Jäger die Nager in Schach hielten, wurde ihre Anwesenheit von den Ägyptern geduldet. Im Lauf der Zeit entstand

**1** Skulptur der Katzengöttin Bastet (ägyptisch, 6. Jh. v. Chr.)

**2** Peruanisches Gefäß in Katzengestalt (um 850–400 v. Chr.)

aus dieser lockeren Verbindung eine tiefe Verehrung für diese Tiere, die in einem Katzenkult gipfelte, der 2000 Jahre dauerte. Es war die Nubische Falbkatze (Felis silvestris libyca) – heimisch in den Wüstengebieten Nordafrikas –, unter den Wildkatzen die am wenigsten scheue, die die Nähe des Menschen suchte, weil sie dort ausreichend Nahrung fand.

Unter den ägyptischen Göttern nahm die Katzengöttin Bastet lange eine herausragende Stellung ein. Sie galt als Göttin der Fruchtbarkeit, die in ihrer Doppelnatur Sonne und Mond und alles, was diese beiden Himmelskörper symbolisierten, vereinte.

„Die Katzen wurden in die Welt gesetzt, um das Dogma zu widerlegen, dass alle Dinge geschaffen seien, um den Menschen zu dienen.“
*Paul Gray, Professor an der University of California*

Malerei im Grab des Inherchai in Deir el-Medineh, Theben: Der „Große Kater", Helfer des Sonnengottes, tötet die böse Apophis-Schlange unter dem Baum von Heliopolis (um 1150 v. Chr).

Dieser Göttin wurde in Bubastis, im östlichen Nildelta gelegen, ein Tempel geweiht. Herodot, der griechische Geschichtsschreiber, der 450 v. Chr. Ägypten bereiste, beschreibt ihn als prächtiges Bauwerk aus rotem Granitstein. Herodot berichtet auch von einem jährlich stattfindenden Fest und verschiedenen Zeremonien zu Ehren der Gottheit, die als Höhepunkte im ägyptischen Festkalender galten. Im April oder Mai segelten die Menschen aus allen Teilen des Landes den Nil abwärts zum Tempel der Bastet nach Bubastis. Während der Reise wurde viel gesungen, musiziert und ausgiebig getrunken. Herodot berichtet weiter: „Bei Bastet angekommen, feiern sie ein großes Fest. Sie bringen viele Opfer dar, und der Weinkonsum zu dieser Gelegenheit ist größer als im ganzen Jahr; denn was die Teilnehmerzahl betrifft, sind nicht weniger als 700 000 Menschen anwesend, die Kinder nicht inbegriffen."

### Katzenmumien – Zeugen des Wohlstands

Die Ägypter brachten nicht nur der Katzengöttin Bastet eine große Verehrung entgegen, sondern ebenso den mit ihnen in ihren Häusern lebenden Katzen. Diese galten als sehr wertvoll, und jedem, der eine Katze tötete, drohte die Todesstrafe. Wenn ein Tier starb, rasierten sich alle Familienangehörigen als Zeichen der Trauer die Augenbrauen ab. Es war Sitte, die Katzen nach ihrem Tod einzubalsamieren. Je nach Wohlstand ihrer Besitzer wickelte man die kleinen Leichname in Sackleinen oder in Binden aus feinstem Leinen und setzte sie bei einer Trauerfeier auf eigenen Katzenfriedhöfen bei. Bei Beni Hassan in Zentralägypten wurde um die Jahrhundertwende ein solcher Friedhof mit über 3000 Katzenmumien entdeckt. Weil damals aber niemand die Bedeutung dieses Fundes erkannte, brachte man die Mumien nach England, wo sie zu Düngemittel verarbeitet wurden. Als später weitere Katzenmumien ausgegraben wurden, untersuchten die Archäologen diese Funde gründlich. Erst in neuerer Zeit hat man jedoch mit den Methoden der Genanalyse feststellen können, dass es sich um Falbkatzen gehandelt hat, die Urahnen unserer Hauskatzen.

„Die Katze ist das würdevollste Tier, und kein anderes hasst so wie sie jede Verletzung seiner Würde.“
*Louis Bromfield (1896–1956), amerikanischer Schriftsteller*

### Siegeszug um die Welt

In Ägypten wurden die Katzen eifersüchtig bewacht. Ihre Ausfuhr war zwar strengstens verboten, trotzdem gelang es phönizischen Händlern, einige der so sehr gehüteten Tiere außer Landes zu schmuggeln. Und so geschah es, dass sich vor über 2000 Jahren die Katzen über die Kontinente ausbreiteten. Gefragt war damals allerdings nicht das Schmusetier, sondern die geschickte Jägerin von Mäusen, Ratten und von Schlangen. Die Katzen fingen Mäuse auf den Feldern, sie bewachten die Vorräte in Speichern und auf Schiffen. Bei den Römern spielten sie allerdings eine ganz andere Rolle: Die eleganten Tiere avancierten zu einer Mode, und sie wurden als verhätschelte Haustiere gehalten. Später zogen sie mit den

1

2

3

4

**1–4** Ausdrucksstarke Persönlichkeiten: Die Farben des Fells, die Variationen in seiner Zeichnung, die rätselhaften Augen – all das macht Katzen zu begehrten Fotomodellen.

römischen Soldaten durch ganz Europa; auf den Schiffen der Kaufleute segelten sie nach England und schließlich mit den Eroberern in die Neue Welt.

Durch die Vernichtung unzähliger Ratten – Überträger der Erreger der Beulenpest – halfen die Katzen, diese Seuche in Europa zu bekämpfen. In Amerika leisteten sie durch den Schutz von Saat und Ernte einen entscheidenden Beitrag zur Ausbreitung der Landwirtschaft. In der „Encyclopedia Americana" kann man denn auch ein geradezu enthusiastisches Loblied auf die „häufig missbrauchten und missverstandenen Tiere" lesen: „Unmöglich zu berechnen, wie viel Nahrung Katzen gerettet, wie viel Besitz sie

Die im alten Ägypten als heilig verehrten Katzen wurden nicht nur in den Häusern mit geschmückten Schreinen geehrt, sondern man findet sie auch in vielen Darstellungen wieder. (Diese Stele stammt aus der Zeit 2040–1650 v. Chr.)

vor der Zerstörung geschützt, welche Ungezieferplagen sie seit den Anfängen der Besiedelung Amerikas in Schach gehalten haben." Heute, so wird geschätzt, verhindern die Katzen, die immer noch in amerikanischen Speichern und Lagerhäusern auf Mäusejagd geschickt werden, jährlich einen Schaden von viereinhalb Millionen Dollar.

Die amerikanische Journalistengewerkschaft forderte 1983 für die Redaktionsräume des „Wall Street Journal" dringend die „Einstellung" einer Katze, um der Mäuseplage Herr zu werden. Bei den dänischen und britischen Behörden stehen die Tiere schon lange auf der Gehaltsliste.

## Hexenbrut und Teufelswerk

Ihre außergewöhnlichen körperlichen Fähigkeiten, ihre Eigenart, sich nicht unterzuordnen, das Rätselhafte ihrer Augen, die im Dunkeln leuchten – all das war für die Menschen schon immer geheimnisvoll. Das Wesen der Katze lieferte reichlich Stoff für Mythen und Aberglauben. Im Mittelalter waren es gerade diese Eigenarten der Katze, die zu ihrer Verfolgung führten. In der mystischen Welt von Gut und Böse war jedem Wesen der Platz zugewiesen, den die Menschen für angemessen hielten – ganz nach Bedarf ordnete man es Gott oder dem Teufel zu. Und als sich das Christentum ausbreitete, fand man für Katzen, die Gefährten der heidnischen Götter, nur einen angemessenen Platz – und der war an der Seite der Hexen. Beide wurden unerbittlich verfolgt, weil es allgemeine Überzeugung war, dass die Katzen mit den als Hexen Verdächtigten gemeinsame Sache machten. Man dichtete den Katzen Zauberkräfte an – etwa, dass sie mit ihren Tränen die Brunnen vergifteten –, sie waren verhasst und gefürchtet. Gemeinsam mit den Hexen wurden sie auf den Scheiterhaufen verbrannt. Erst im 18. Jahrhundert wurde die Katze allmählich rehabilitiert. Für

„Katzen sind ein geheimnisvolles Völkchen. Es geht mehr in ihren Köpfen herum, als wir uns vorstellen können. Das kommt zweifellos durch ihren engen Umgang mit Zauberern und Hexen."
*Sir Walter Scott (1771–1832), schottischer Dichter*

diese Entwicklung war der französische Adel mitverantwortlich. Als andernorts noch Menschen verfolgt wurden, weil sie eine Katze besaßen, war es am Hof Ludwigs XIV. en vogue, eine Katze zu besitzen. In seiner Jugend hatte der Sonnenkönig zwar noch die Johannisfeuer entzündet, auf denen man Katzen verbrannte, aber eine weiße Angorakatze sorgte dafür, dass er seine Meinung änderte: Die Stadt Venedig schenkte ihm das Tier, das ihn so sehr bezauberte, dass er sich vom Katzenhasser zum Katzennarren wandelte. Sein Nachfolger, Ludwig XV., übergab sogar verdienten Persönlichkeiten des Landes als Zeichen seiner Gunst Katzen anstelle von Orden.

Den Respekt vor der Mäusejägerin belegt die Herkunft der Redewendung „der Katze die Schelle umhängen“ (als Einziger bereit sein, eine gefährliche Aufgabe zu übernehmen): Nach einer alten Fabel beschlossen die Mäuse in einer Versammlung, der Katze eine Schelle umzuhängen, damit man sie schon von fern hören könnte. Doch fand sich unter den Versammelten keine, die bereit gewesen wäre, diesen Plan auszuführen. So jagen die Katzen noch heute.

**Die großen Verwandten der Katze**

Die Anfänge der Katzentiere reichen bis in die Zeit der Dinosaurier zurück. Vor etwa 60 Millionen Jahren lebten die Miaciden, winzige Fleischfresser, die als Urahnen aller Säugetiere gelten. Nach den Miaciden tauchte vor ungefähr 50 Millionen Jahren Dinictis auf. Dieses Tier, etwa so groß wie ein Luchs, gilt als Vorfahre aller Katzenarten. Vor etwa 12 Millionen Jahren lebten in Südamerika, vor 9 Millionen Jahren in der Alten Welt die ersten Kleinkatzen (Feliden), direkte Vorfahren der heutigen Hauskatze. Ihr Kopf war rund, die Beine kräftig, und sie konnten bereits die Krallen einziehen. Zu ihnen gehören zum Beispiel Puma und Wildkatze. Viel später, vor 2 Millionen Jahren, entstanden die Großkatzen wie Löwen, Tiger und Leoparden.

Die Zoologen untersuchen und diskutieren immer wieder aufs Neue kontrovers, wann sich in der

Verwandte unserer Hauskatzen:
1 Der Luchs. Er gehört zur Familie der Kleinkatzen.
2 Der Puma, auch Berg- oder Silberlöwe genannt. Er gilt als größte Kleinkatze.

1

Entwicklungsgeschichte welche Linie wo abgespalten hat. Daraus ergibt sich, dass auch die Systematik – entsprechend der aktuellen Forschungslage – immer wieder neu definiert werden muss. Das „International Zoo Yearbook“ hat einen wissenschaftlichen Bericht aus dem Jahr 1994 veröffentlicht, dessen Autor die Feliden in drei Gattungen einteilt: Großkatzen, Nebelparder als Sondergattung und Kleinkatzen. Diese Einteilung ist für Laien nur schwer verständlich, gehört doch beispielsweise der nicht gerade klein gewachsene Puma zur Gattung der Kleinkatzen. Die Unterscheidung zwischen den Groß- und Kleinkatzen hat für die Zoologen allerdings nichts mit der Körpergröße zu tun, sondern damit, dass Großkatzen im Gegensatz zu den Kleinkatzen brüllen können. Die schnurren dafür, was den Großkatzen nur beim Ausatmen möglich ist. Das liegt an ihrer unterschiedlichen Anatomie. Anders als die Kleinkatzen besitzen die Großkatzen einen nur unvollständig verknöcherten Zungenbeinbogen, den ein elastisches Band überspannt. Weiteres Unterscheidungsmerkmal

Schönheitengalerie der Langhaarkatzen: Colourpoint mit blauen Augen und der Maske der Siamkatze sowie zwei Perser mit Tabbyzeichnung und den für diese Variante typischen kupferfarbenen Augen. Perserkatzen sind gutmütige und sehr anhängliche Tiere.

1 Auch der Leopard ist einer der wilden Verwandten der Katze.

2 Die Wildkatze sieht unserer Hauskatze schon ähnlicher. Sie ist jedoch kräftiger und stämmiger als diese.

ist beispielsweise das Aussehen des Nasenspiegels. Bei den Großkatzen ist er bis zum Vorderrand der Nase behaart, bei den Kleinkatzen dagegen läuft diese Behaarung weiter oben unscharf aus. Augenfällig für Laien sind die runden Pupillen der Großkatzen, während Kleinkatzen die berühmten Schlitze zeigen. Die Ausnahmen bei diesen Unterscheidungskriterien sind Puma und Manual.

In dem Maße, wie sich die Zivilisation ausgebreitet hat, schrumpfte auch der Lebensraum der wilden Katzen. Bis heute hat sich in Europa in wenigen Rückzugsgebieten nur ein geringer Bestand erhalten. Der Wildkatzenforscher Mathias Herrmann geht davon aus, dass noch etwa 1700 bis 2000 Tiere in den Wäldern der deutschen Mittelgebirge leben. Wildkatzen sind zwar per Gesetz unter Schutz gestellt, aber dennoch ist ihr Fortbestand bedroht.

## Von Instinkten beherrscht

Es wäre vermessen zu glauben, dass man ein Raubtier vollständig zähmen kann. Denn schon seine genetische Ausstattung bestimmt es zum Jäger. Die Katze, und gemeint ist auch unsere Hauskatze, kennt den Code der Wildnis. Sie weiß beispielsweise instinktiv, wie man mit einem Biss die Beute tötet, und dieser Instinkt wird durch den kleinsten Anreiz geweckt. Auch Hauskatzen, die vielleicht niemals eine lebende Maus gesehen haben, kennen das Jagdritual. Geht das sonst so anhängliche und sanfte Haustier ins Freie, wird es zu einem Teil der Wildnis. Dank seiner perfekt funktionierenden Sinne ist es dem Überlebenskampf dort optimal gewachsen. Ihren geschmeidigen Körper, dessen anmutige Eleganz man bei einem Sprung ins Bücherregal bewundert, beherrscht die Katze auch bei der Beutejagd vollendet. Ihre Augen, die Ohren, Schnurrhaare und Nase geleiten das Tier sicher durch die Nacht und durch das Revier.

„Wer mit dem Unterhalt für die Katze geizt, dem frisst die Maus die Ohren ab."
*Arabisches Sprichwort*

## Geheimnisvolle Treffen im Hinterhof

Im Freien gelten andere Gesetze. Kein Mensch wird wohl je erfahren, geschweige denn begreifen, was vor sich geht, wenn Katzen sich nachts treffen. Auch wenn Andrew Lloyd Webber ihnen mit seinem Musical „Cats" ein Denkmal gesetzt hat – Zuschauer sind bei diesen geheimnisvollen Versammlungen unerwünscht. Ort und Zeit kennt jede Katze, die zum eingeweihten Kreis gehört. Bei diesen Zusammenkünften hocken sie zusammen. Putzen, gucken, miauen: Paul Leyhausen hat diese Treffs der vermeintlich

„Keine Katze ist falsch. Es gibt wenige Tiere, in deren Gesicht der Kundige so eindeutig die augenblickliche Stimmung lesen könnte wie in dem der Katze."
*Konrad Lorenz (1903–1989), Verhaltensforscher*

**1–4** Jäger in Aktion: Katzen beherrschen instinktiv das Jagdritual. Dazu gehören das Fixieren der Beute, geduldiges Beobachten, vorsichtiges Anschleichen, dann das Zupacken und schließlich das Töten des Beutetiers.

1

3

2

4

so eigenbrötlerischen Einzelgänger beobachtet, die er „geselliges Beisammensein“ nennt. Leyhausen führt aus: „Die Versammlungen zogen sich oft stundenlang hin, manchmal, vermutlich als Auftakt für die Paarungszeit, die ganze Nacht. Aber gewöhnlich zogen sich die Katzen um Mitternacht oder kurz darauf in ihre jeweiligen Schlafquartiere zurück.“

Meist geht es bei diesen Treffen friedlich zu, wenn jedoch ein Katerneuling in diesen Kreis stößt, muss er sich zuerst in die Hierarchie der alteingesessenen Kater einfügen. Dann werden am Versammlungsplatz schon mal lautstarke Kämpfe ausgetragen. In diesem Zusammenhang stellt die Bruderschaft der Kater eine Besonderheit im Sozialverhalten der Katzen dar. Sie ist eine Art „Männerstammtisch", den eine strenge Rangordnung bestimmt; diese wird immer wieder neu ausgefochten. Besonders wenn eine rollige Kätzin ihre Duftmarken setzt, bricht unter den Katern Streit aus. Ihre Töne könnten dann Steine erweichen und rauben auch dem tolerantesten Tierfreund den letzten Nerv.

„Oft bleibt sie meiner Kate fern, dann weilt sie gegenüber. Sie hat zwar meine Kate gern, doch ist ihr 'n Kater lieber."
*Heinz Erhardt (1909–1979), deutscher Kabarettist*

Wie sich die jungen Kater ihre Position in dieser Gemeinschaft erkämpfen müssen, beschreibt Paul Leyhausen so: „Die ‚arrivierten' Kater ziehen einzeln, zu zweit oder zu dritt zum Heim des Jünglings und rufen ihm herausfordernd zu, sich zum Kampf zu stellen und nach bestandenen ‚Initien' zur Bruderschaft zu stoßen." Der Novize hat dann harte Kämpfe auszufechten. Besteht er alle Prüfungen, dann „hat er seinen Platz in der örtlichen Bruderschaft gefunden, wird er von den Älteren respektiert und zieht nun selbst aus, die jungen Helden das Fürchten zu lehren", wie Leyhausen weiter ausführt. Manche Menschen, die in einer Katze nur das Schmusetier sehen, fühlen sich durch diese zügellosen Ausbrüche abgestoßen. Das Liebesleben der Katzen, wild, fordernd und nicht die Spur rücksichtsvoll, wirkt ebenso abschreckend auf sie.

### Katzen mit Familienanschluss

Viele Katzen leben heute beim Menschen unter „zivilisierten" Bedingungen, trotzdem bleiben sie Katze. Ob in Bibliotheken, auf Schiffen, in Bahnhöfen

1 Auch Katzen, die auf einem Bauernhof leben, versammeln sich regelmäßig. Dann hocken sie zusammen, schauen oder dösen ...

2 ..., und manchmal legen sie ein Schmusestündchen ein ...

oder Lagerhallen – die Katzen haben immer etwas „für ihren Unterhalt tun müssen". Auch heute noch leben Katzen auf Bauernhöfen unter diesen Bedingungen – als Mäusefänger mit Familienanschluss.

Das Stadtleben ist da ganz anders, jedenfalls was die behüteten Wohnungskatzen anbelangt. Sie dürfen gelegentlich Jagd auf eine Stoffmaus machen, rein spielerisch natürlich – wie ihr ganzes Leben einem Spiel vergleichbar ist. Nach Ansicht von Verhaltensforschern kommen nämlich unsere verwöhnten, mit allem Notwendigen versorgten Tiere bis an ihr Lebensende aus den Kinderschuhen nicht heraus. Kaum den Zitzen der Mutter entwöhnt, haben sie ihren Menschen schon als Ersatzmutter akzeptiert. Er öffnet ihnen die Dosen, hält das Katzenklo sauber, hat Zeit zum Spielen und Schmusen. Jedenfalls sollte das so sein, wenn es nach den Vierbeinern ginge. Ansonsten aber, und das ist sicherlich einer der Gründe für ihre steigende Beliebtheit, sind Katzen pflegeleicht, und man kann sie hin und wieder tagsüber auch einige Zeit allein lassen, ohne dass sie deswegen gleich vereinsamen würden.

„Er liebte mich, wie ich war, und erzog mich dadurch zu dem, der ich für ihn sein sollte."
*Liebeserklärung des Pädagogen Hartmut von Hentig an einen Kater in Chicago*

**1** Stürmischer Annäherungsversuch! Ob der Biss in die Nase der Freundschaft schadet?

**2** Katzen lehren Kinder, die Eigenarten eines anderen Lebewesens zu respektieren.

In Großstädten, in denen es viele Singlehaushalte gibt, ist eine Katze für viele zur willkommenen Gefährtin und zum Mittel gegen die Einsamkeit geworden. Die Zärtlichkeit dieses so ungemein lebhaften Wesens, seine Zuneigung ohne Wenn und Aber machen die Katze zum geliebten Kuscheltier. Doch verletzt eine unbekannte Katze ihr Revier, kommt ihr ein fremder Hund zu nahe oder missachtet ein unerfahrener Mensch die ungeschriebenen Gesetze des Katzenknigges, erwacht auf der Stelle das Raubtier in ihr. Dann fährt die Katze ihre Krallen aus, sie faucht und ist bis in die letzte Faser ihres Körpers angespannt – zur Verteidigung bereit.

### Wanderer zwischen zwei Welten

Auf der einen Seite gibt es für die Katze das behagliche Zuhause beim Menschen mit Schlafplatz, Futterstelle, Spiel- und Schmusepartner, in dem ihr ein Rund-um-die-Uhr-Service geboten wird. Es gibt aber auch ein Leben mit den Artgenossen draußen, wo eigene Regeln herrschen, eigene Formen der Verständigung: eine nuancenreiche Duftsprache entlang der Reviergrenzen, Knurr-, Fauch- und Kreischlaute bei unverhofften Begegnungen – die Verhaltensforscher haben fast hundert verschiedene Miaulaute beschrieben, die Katzen in der Unterhaltung mit ihrem Menschen sowie mit anderen Katzen einsetzen. Auch der Verständigungscode, der den Umgang mit den Artgenossen bestimmt, funktioniert über die Stimme und die Körpersprache mit all ihren Kombinationen von Mimik, Größe der Augenöffnung, Stellung der Ohren und des Schwanzes sowie verschiedenen Körperhaltungen. Hierin liegt auch eine der Ursachen für die angebliche Feindschaft zwischen Hund und Katze. Lernen die beiden nicht schon in Kindertagen die Körpersprache des anderen zu verstehen, klappt es später nicht mit der Kommunikation. Die Missverständnisse, die dadurch entstehen, prägen dann ein Leben lang den Umgang von Hund und Katze.

Manche Katzen führen ein Doppelleben, sie teilen ihre Zeit zwischen zwei Familien auf, ohne dass die eine Ahnung davon haben. Warum, kann man nur vermuten. Vielleicht, weil die eine mehr mit ihnen spielt, die andere besseres Futter serviert – wer weiß?

### Des Züchters ganzer Stolz

Mit großen Anstrengungen versuchen manche Züchter, den Katzen immer wieder ein anderes Aussehen zu geben, ihnen hervorstechende, noch nie da gewesene Eigenheiten anzuzüchten. Sie versuchen zum Beispiel, ihnen ein seidiges Fell zu geben oder gänzlich nackte Tiere wie die Sphinx zu produzieren. Oder sie züchten ihnen den Schwanz weg wie der Manx. Zu deren Entstehung gibt es zahlreiche Geschichten. So erzählt man sich zum Beispiel, dass diese Katze ursprünglich ihren Schwanz auf der Arche Noah verloren haben soll. Sie war das letzte Tier, das nach der Sintflut das Schiff verließ, und als Noah die Tür hinter sich zuschlagen wollte, kappte er ihr dabei den Schwanz. Ihren Namen hat sie von der englischen Isle of Man, von der sie stammen soll: Manx ist die keltische Bezeichnung für die Insulaner. Die Manx gilt als Wahrzeichen von Man, und ihr Konterfei ziert dort viele Souvenirs. Die Manx war eine der ersten Rassekatzen, und sie wird heute weltweit gezüchtet.

„Eine Katze will gern dein Freund sein, wenn du dessen würdig bist, aber nie dein Sklave."
*Théophile Gautier (1811–1872), französischer Dichter*

Was sind die Motive für manche absonderlichen Züchtungsversuche? Die Katze besser aussehen zu lassen? Aus ästhetischer Sicht gibt es an ihr, so wie sie ist, wohl nichts auszusetzen. Es handelt sich in solchen Fällen eher um den Ehrgeiz einzelner so genannter Züchter, die damit nicht nur die Natur überlisten wollen, sondern hoffen, sich einen Namen zu machen und viel Geld zu verdienen. Die Versuche von Züchtern, aus zufällig aufgetretenen Mutationen neue Rassen züchten zu wollen, nur um damit Bizarres und Außergewöhnliches zu erreichen, sind kritisch zu betrachten: Das Wohl der Tiere tritt dabei meist in den Hintergrund. Ein Beispiel für derartige Zuchtversuche ist die Scottish Fold. Sie wurde aus einem Tier gezüchtet, das 1961 in Schottland mit nach vorn gefalteten Ohren geboren wurde. Um per Zucht diesen Effekt zu erreichen, muss eine der Katzen normale Ohren haben, die andere Faltohren, weil sonst ihre Nachkommen an einer schmerzhaften Verdickung der Gelenkknorpel leiden und nicht laufen können. In Deutschland darf man diese Katzen zwar auf Ausstellungen zeigen, aber sie kommen nicht in die Wertung. Die amerikanische Zuchtorganisation CFA dagegen erkennt die Scottish Fold als Rasse an. Manchmal ist der Preis sehr hoch,

„Auf die meisten Fragen über die Katze gibt es keine Antworten. Sie hat sich selbst 300 Jahre lang in Geheimnisse gehüllt, und es hat keinen Sinn, sie jetzt begreifen zu wollen."
*Virginia Roderick, amerikanische Katzenliebhaberin*

**1** Das Schielen mancher Siamkatzen ist eine unliebsame Nebenerscheinung von Überzüchtung.

**2** Kennzeichen der Rexkatzen sind das lockige, sehr kurze Fell und die riesigen Fledermausohren.

wenn eine gewünschte Fellzeichnung, eine ganz bestimmte Kopfform oder eine besondere Augenfarbe nur begleitet von körperlichen Defekten an anderer Stelle zu haben ist.

Die erste Katzenausstellung war ein Riesenerfolg. Mit 160 Tieren wurde sie am 13. Juli 1871 im Crystal Palace in London von Harrison Weir initiiert. Danach begannen sich viele Menschen für die Katzenhaltung sowie die Zucht von Katzen als Hobby zu begeistern – Cat fancy, wie es die Engländer nennen. Am 5. Mai 1895 eröffnete James Hyde die erste Katzenausstellung in New York, um die Jahrhundertwende folgten dann in Deutschland derartige Ausstellungen; die erste in München, acht Jahre später eine in Hamburg. In die gleiche Zeit fielen auch die Gründungen zahlreicher Zuchtverbände. Sie legten die Rassestandards zur Beurteilung der Tiere fest, stellten die Zuchtrichtlinien auf und führten die Stammbücher – was die Verbände heute noch tun.

Katzen sind Individualisten, und aus menschlicher Sicht scheint ihr Leben vom Lustprinzip bestimmt zu sein.

In Deutschland begann die organisierte Zucht nach dem Ersten Weltkrieg. 1922 gründete Konrad Hirschmann den 1. Deutschen Edelkatzenzüchter-Verband e. V., der heute mit nahezu 10 000 Mitgliedern zu den größten in Europa gehört. Es gilt als das Verdienst von Züchtern wie auch von Organisationen, die Katzen im 20. Jahrhundert wieder populär gemacht zu haben. Auch die Wiederbelebung und Verbreitung alter Rassen – beispielsweise der Kartäuserkatzen – ist ihnen zu verdanken.

„Wenn ich sie rief, tat sie immer so, als wenn sie mich nicht gehört hätte. Aber kurz darauf kam sie dann doch, wodurch sie den Schein aufrecht erhielt, sie hätte es aus eigenem Antrieb getan.“
*Arthur Weigall, Amerikaner. Verfasser historischer Romane und Katzenfan*

**Ein Leben nach dem Lustprinzip?**

Man kann Katzen nicht mit menschlichen Maßstäben messen, ihr Verhalten nicht danach bewerten. Keine Katze lässt das Mausen nur deshalb, weil sich ihr Mensch vielleicht vor der ihm stolz präsentierten Beute ekeln könnte. Und sie macht auch um die Sardinendose keinen Bogen, nur weil sie für das Abendbrot ihres Menschen bestimmt ist; ebenso wenig hat die Katze ein Schuldbewusstsein. Und der Salonlöwe wird den gemütlichen Sessel bestimmt nicht räumen, nur weil der zweibeinige (Mit-)Eigentümer sich dort niederlassen möchte. Großmut oder Rücksichtnahme und – mit Einschränkungen – Dankbarkeit, das sind Kategorien allein im menschlichen Zusammenleben. Was für eine Katze zählt, sind ihre Bedürfnisse, ist das, was sie will. Da ist sie ganz anders als der Hund. Er ordnet sich seinem Herrn unter und leistet ihm Gehorsam. Gehorchen kann eine Katze auch – aber nur, wenn sie es will.

### Die Katze als Vorbild?

Die Katzen haben alle Versuche, sie zu verteufeln und auszurotten, bis heute überstanden. Wer die Tiere betrachtet, wenn sie total entspannt daliegen, ins Leere zu starren scheinen, der möchte wirklich glauben, dass sie mit dieser Welt eins sind. Eine Katze im Haus verbreitet Gelassenheit, und sie kann der ruhende Pol in einem von Hektik bestimmten Leben sein. Ihre ganz besondere Ausstrahlung ist wohl einer der Gründe dafür, dass so viele Künstler, Schriftsteller und Politiker gern mit diesen willensstarken Tieren unter einem Dach leben. Nicht zuletzt sind Katzen eine Inspirationsquelle, wie viele Katzenbesitzer mit schöpferischen Berufen eingestanden haben. Uns Menschen erscheint das Leben der Katze als ein bewusstes Leben, ein Leben für den Augenblick, ein Leben nach dem Lustprinzip, wie es sich wohl kaum ein Mensch zu führen erlauben könnte. Treffend meint dazu die surrealistische Malerin Leonor Fini: „Im Grunde genommen ist eine Katze an unserer Seite die warme, pelzige, schnurrbärtige und schnurrende Erinnerung an ein verlorenes Paradies."

„So wie die großen Sphinxen in nobler Haltung durch die Ewigkeit hindurch auf dem heißen Wüstenwind lauern, so starren die Katzen ins Nichts, ruhig und weise."
*Charles Baudelaire (1821–1867), französischer Dichter*

# Teil II

# Katzen von A bis Z

# Aberglaube – *immer noch verbreitet*

Können Sie sich eine Wahrsagerin mit Schäferhund oder mit einem bayerischen Hirtenhund vorstellen? Bestimmt nicht. Zu einer Wahrsagerin gehört die schwarze Katze ebenso wie die magische Kristallkugel und die Tarot-Karten.

Diese Vorstellung ist noch ein Relikt aus der Zeit, als Frauen als Hexen verbrannt und schwarze Katzen mit Hexerei und schwarzer Magie gleichgesetzt wurden. Das war auch der Grund, weshalb man bis spät ins 17. Jahrhundert hinein schwarze Katzen bei lebendigem Leib verbrannte. Vielleicht wird sogar heute noch manch einer wichtige Entscheidungen verschieben, wenn vor ihm eine schwarze Katze von links nach rechts die Straße überquert. Denn es könnte ja doch was dran sein ... In den USA glaubt man ebenfalls, dass mit einer schwarzen Katze Unglück kommt. Hier hält man die weißen für die Glücksbringer.

Weil man in Japan von alters her glaubt, dass in den Schwänzen der Katzen Dämonen stecken, hat man dort Katzen ohne Schwänze gezüchtet. So sind die japanischen Stummelschwanzkatzen (Japanese Bobtail) entstanden. Die hoch beinigen Tiere, die in allen Farben vorkommen, gelten als hochintelligent.

Aber – andere Länder, andere Sitten. In England zum Beispiel werden die schwarzen Katzen weder verteufelt noch als Unheil bringend gefürchtet, sondern sie gelten hier als besondere Glücksbringer. Bei den Österreichern sind dreifarbige Katzen in den Farben Weiß, Schwarz und Rot – auch Schildpatt mit Weiß genannt – Glückskatzen. Sie sind in dieser Farbkombination fast immer weiblich und lassen sich daher nicht züchten. Also ist eine dreifarbige Katze in einem Wurf purer Zufall.

Die grausamste Form des Aberglaubens in Verbindung mit Katzen herrschte in Nordeuropa: Beim Abriss alter Häuser kamen und kommen dort noch heute mumifizierte Katzen ans Tageslicht. Sie wurden beim Bau lebendig mit in die Fundamente eingemauert. Denn man glaubte damals daran, dass sie dem Haus und den Menschen, die später darin wohnen, Glück bringen würden.

Der Aberglaube kann schon seltsame Formen annehmen: Man sagt, wenn die Katze die Pfote leckt und sich damit hinter den Ohren putzt, kommt Besuch. Tut sie's mit der rechten Pfote, sind es angenehme Gäste, nimmt sie die linke, ist der Besuch unangenehm. Putzt sie sich ihr Gesicht mit der Pfote, kommt eine Frau, leckt die Katze den Rücken, kann man mit einem männlichen Gast rechnen.

Die netteste Form des Aberglaubens ist in der Bretagne verbreitet. Im Fell jeder schwarzen Hauskatze verbirgt sich mindestens ein weißes Haar. Denn Katzen mit einem völlig schwarzen Fell sind heute meist das Ergebnis einer speziellen Zucht. Wer nun dieses weiße Haar entdecke und es der Katze ausreiße, ohne dabei gekratzt zu werden, habe damit den wirksamsten Talisman der Welt.

Bei den Germanen stellte man Katzen Schalen mit Milch in die Kornfelder. Man hoffte, dass die Fruchtbarkeitsgöttin Nerthus, die Katzen liebte, dann die Ernte beschützen würde.

1

2

**1** Die Hexe aus „Hänsel und Gretel" mit schwarzer Katze (Holzstich nach Ludwig Richter)

**2** Schwarze Katzen gelten noch immer als Unheilbringer.

# Alter – *wenn die Katze alt ist*

Der noch geschmeidig springenden und sich elegant putzenden Katze sieht man lange Zeit ihr Alter nicht an. Die Jahre scheinen spurlos an ihr vorüberzugehen. In gewisser Weise stimmt das. Denn erst im letzten Zehntel eines Katzenlebens werden die Tiere merklich alt, während das erste Zehntel – grob gerechnet – der Kindheit und Jugend gehört.

Bei Katzen geht es im Eiltempo durch die Kindheit. Danach verlangsamt sich die Entwicklung. Vergleicht man das Alter des Haustiers mit dem Alter des Menschen, dann gilt Folgendes: Eine ein Jahr alte Katze entspricht einem 20-Jährigen. Bei den folgenden Jahren zählt ein Katzenjahr vier Menschenjahre. Eine Katze von zehn Jahren ist nach dieser Rechnung 56, eine 20-jährige wäre dann 96 Jahre alt.

Wenn die Kräfte nachlassen, verlieren die Tiere die Lust zu ausgedehnten Streifzügen und ziehen warme Plätze für noch ausgedehntere Nickerchen als früher vor. Die Gelenke werden steifer, das Springen geht nicht mehr so gut, auch das Klettern wird mühsamer. Manche alte Katze muss am Ende ihres Lebens auf ihren Lieblingsplatz gehoben werden. Überlebensfähig sind alte Katzen nur in der Obhut eines Menschen, denn sie wären der Konkurrenz draußen nicht mehr gewachsen.

Im Haus lebende und gut behütete Katzen können zwölf bis 18 Jahre alt werden. Es gibt sogar wahre Methusalems, die über 20 Jahre in ihrer Familie leben. Das ist jedoch eher selten. Haben die Tiere Auslauf, werden sie nur etwa halb so alt.

Auch die früher mit großer Hingabe betriebene Fellpflege wird anstrengend. Wegen der steifen Knochen sind auch nicht mehr alle Stellen zu erreichen, und da muss der Mensch mit einigen Minuten Bürsten morgens und abends hilfreich einspringen. Trotzdem kann das Fell seinen Glanz verlieren, dünner werden und struppig aussehen.

Die härtesten Einschränkungen erfährt die alte Katze, wenn ihre Sinne, die Hörfähigkeit, die Sehkraft, die ein Leben lang so perfekt funktioniert haben, deutlich nachlassen. In die Linse eingelagertes Bindegewebe lässt die Augen alter Katzen blaugrau erscheinen. Auch der Geruchssinn, mit dem vorher jede Mahlzeit überprüft wurde, ist nicht mehr so ausgeprägt. Deshalb verlieren alte Tiere oft den

Appetit und magern zusehends ab. Schlechte Zähne, die das Kauen mühsam und schmerzhaft machen, tragen ebenfalls dazu bei.

Liebt die Katze schon in jungen Jahren ihren gewohnten Ablauf, so wird dieser Wesenszug im Alter immer ausgeprägter. Nichts hasst sie mehr als Veränderungen, Unbequemlichkeiten, Störungen ihrer Ruhe. Griesgrämig und regelrecht unverträglich können alte Katzen am Ende ihres Lebens werden.

Das hat zum einen mit den von der Katze als Beeinträchtigung erlebten körperlichen Veränderungen zu tun, zum anderen damit, dass im Lauf des Lebens die Gehirnmasse um 25 Prozent abnimmt. Die Übertragung der Signale entlang der Nerven verläuft deutlich langsamer, das Tier ist nicht mehr so flexibel, es bekommt eine „lange Leitung". Für den Menschen ist es schmerzhaft, wenn er erleben muss, wie das Leben für den geliebten Freund zur Qual wird. Dann sollte man sich vielleicht besser für einen würdevollen Abschied entscheiden.

In einigen Gegenden Chinas gelten alte und möglichst hässliche Katzen als Glücksbringer. Sie dürfen auf keinen Fall davonlaufen, deshalb werden sie an der Leine gehalten.

1 Inniges Verhältnis: gemeinsam mit der Katze alt werden

2 Katzen schlafen im Alter noch mehr als in der Jugend.

# *Aller Katzen* **Anfang** *– die Ursprünge*

Die Miaciden waren winzige Säugetiere, die einem Wiesel ähnlich sahen. Sie lebten im Eozän vor rund 50 Millionen Jahren und gelten als die Ururahnen unserer Katzen.

„Und Gott machte die Tiere auf Erden, ein jegliches nach seiner Art und das Vieh nach seiner Art und alles Gewürm auf Erden nach seiner Art. Und Gott sah, dass es gut war.“ Was nach der Bibel am fünften Schöpfungstag geschah, das dauerte in der Entwicklungsgeschichte Jahrtausende.

Es ist richtig, dass die Vorfahren der Katze, die Miaciden, schon durch Wälder und Wüsten jagten, lange bevor ein Mensch die Erde betrat. Die Miaciden waren Ahnen von Dinictis, einem der Katze ähnlichen Wesen, von dem Panther, Tiger, Löwe, Luchs, aber auch unsere Hauskatze abstammen.

Die ersten Wildkatzen jagten im Pliozän – vor 10 Millionen Jahren –, damals gab es auch die ersten Wühlmäuse in den Wäldern und Steppen Asiens. Die Vorfahrin unserer Hauskatze, die Nubische Falbkatze (Felis silvestris libyca), streunte im Mittelmeerraum und in Afrika umher. Sie gilt als Stammmutter aller Hauskatzen. Das kleine, schlanke Tier mit einem schmalen Kopf, geflecktem Fell, getigert

Die Katzengöttin Bastet vor einem Opfertisch (Kalksteinplatte aus der Handwerkersiedlung Deir el-Mudineh, um 1400 v. Chr.). Der in Ägypten hoch verehrten Göttin wurden auch Tieropfer dargebracht – hier eine Ente.

**1** Eine Katze hütet Enten (bemalte Kalksteinplatte aus der Handwerkersiedlung Deir el-Mudineh, um 1400 v. Chr.).

**2** Katze auf der Rebhuhnjagd (Mosaik aus Pompeji)

oder einfarbig, rötlich, gelbbraun, je nach der Landschaft, aus der es kommt, ist sehr zutraulich, es lässt sich leicht zähmen und sogar wild lebend von Menschen streicheln. Man schreibt seine Domestizierung häufig den Ägyptern zu (vor ca. 4000 Jahren). In der Türkei fand man kleine Katzenstatuetten, die zu Beginn der Bronzezeit (ca. 1500 v. Chr.) geschaffen wurden.

Irgendwann trafen anatolische und ägyptische Katzen aufeinander, wahrscheinlich im Gefolge von Kaufleuten und Kriegern, vermischten sich und wanderten in Richtung Europa, wo sich schließlich unsere Hauskatze entwickelte. Diese wurde dort sesshaft, manche Artgenossen aber gingen auf Wanderschaft: per Karawane nach Indien und China, mit dem Schiff nach Nordeuropa und Amerika, hinaus in alle Welt – so weit die Pfoten sie trugen. Es entstand eine nützliche Gemeinschaft: Die Katze fing Mäuse, und dafür gab es vom Menschen Futter, einen Schlafplatz, Schutz und Geborgenheit.

Katzen gehören zur Gruppe der Landraubtiere. Die zoologische Bezeichnung für die Familie der Katzenartigen ist Feliden oder Felidae. Untergruppen sind Großkatzen und Kleinkatzen. Wer Löwen im Zoo beobachtet, stellt viele Gemeinsamkeiten mit der Hauskatze fest.

# Anschaffung – *wie man zur Katz kommt*

Plötzlich war sie da und – blieb. Einfach so, als wäre das ganz selbstverständlich. Mit einem unnachahmlichen Charme betörte sie den von ihr auserwählten Menschen, geduldig und siegessicher.

Bevor man sich für eine Katze entscheidet, sollte man sie genau anschauen. Ihr Fell muss glänzen, das Hinterteil sauber, die Augen klar und nicht verklebt sein. Das Tier muss munter wirken und zutraulich sein. Fragen Sie nach Impfpapieren und Gesundheitszeugnis.

Sanft strich das weiche und schnurrende Fellbündel ihm um die Beine. Ein auffordernder Blick nach oben – Schmusen zieht immer! Bald hat der Mensch verloren. Bevor er es noch richtig begriffen hat, kuschelt sich das Kätzchen behaglich in seine Armbeuge, blinzelt träge: Mensch, das ist super!

So ähnlich ist schon mancher zur Katz gekommen, ohne dass er eigentlich wollte. Eine Mieze läuft einem zu oder den Kindern hinterher, und wenn sich die Suche nach den Eigentümern als erfolglos herausstellt, mag man den neuen Hausgenossen schon nicht mehr missen. Und er bleibt. So ähnlich ist es vielen Katzenbesitzern ergangen.

Wer auf diesen Zufall nicht warten möchte, hat viele Möglichkeiten um zur Katz zu kommen: In der Nachbarschaft oder bei Freunden und Bekannten

**1–2** Wer ein kleines Kätzchen aufnehmen möchte, sollte die Jungen eines Wurfs einige Zeit beobachten und sich dann eines aussuchen.

gibt es in Katzenkreisen häufig Nachwuchs, der vermittelt werden soll. Nimmt man ein solches Tier, hat das den Vorteil, dass man die Familie kennt, aus der es kommt, dass Temperament und Eigenheiten der Mutter bekannt sind. Dies ist eine gute Lösung, wenn man keine Rassekatze haben möchte.

Auch bieten Katzenbesitzer Nachwuchs im Anzeigenteil der Tageszeitungen an. Ein Blick in die Rubrik Tiermarkt lohnt sich da. Und in Tierheimen warten zugelaufene oder ausgesetzte Tiere auf eine neue Familie. In einem Vorgespräch versuchen die Mitarbeiter herauszufinden, welche Bedingungen die Katze bei ihrer neuen Familie vorfinden wird, und dann vermitteln sie ein geeignetes Tier.

Tierhandlungen und Zoogeschäfte sind keine geeigneten Stellen zum Erwerb eines Kätzchens. Die Lebensbedingungen dort sind für junge, temperamentvolle Tiere völlig ungeeignet. Sie sind daher oft krank und gestört. Wer trotzdem eines kauft, hilft damit nicht weiteres Leid zu verhindern, sondern schafft nur Platz für neue Qualen.

Wer ein lupenreines Rassekätzchen haben möchte, wendet sich an einen anerkannten Züchter. Das ist nicht nur eine Preisfrage – für Rassekatzen werden leicht Preise bis weit über tausend Mark verlangt –, sondern auch Einstellungs- und Geschmackssache. Denn die Tiere mit Stammbaum werden auf bestimmte Rasse- und nicht auf Wesensmerkmale hin gezüchtet. Sie sind oft schwieriger im Charakter, aufwendiger in der Pflege und gesundheitlich nicht so stabil wie ein einfaches Katzenkind.

Und welches Tier wählt man schließlich aus einem Wurf? Das mit den lustigen Ohren? Den wilden kleinen Tiger? Oder das verschmuste hellwache Katzenmädchen? Diese Entscheidung ist eine reine Gefühlssache. Manchmal muss man sie gar nicht selbst fällen: Wenn eins der Kätzchen schnurstracks angelaufen kommt und das Köpfchen an den Beinen reibt, ist doch alles klar. Oder?

# Augenblick *mal!*

Ich schau dir in die Augen, Kleines! Das ist garantiert nicht der Beginn einer wunderbaren Freundschaft – im Gegenteil. Einer Katze ist der direkte Blick in die Augen unangenehm, sie kann ihn nicht ausstehen. Denn auf Kätzisch bedeutet das starre Fixieren eine Kampfansage.

Katzenaugen sind empfindlich und wahre Meisterwerke der Optik – bei Tageslicht und erst recht in der Dämmerung. Der Sichtwinkel einer Katze umfasst 186 Grad, und ihre Augen ermöglichen den kleinen Jägern dreidimensionales Sehen nach vorn.

Wenn die Katze geradeaus schaut, sieht sie alles bis hinter ihre Ohren – das ist fast Rundumkino. Die Augäpfel sind so konstruiert, dass die Katze ihre Beute optimal erfassen und dadurch die Sprungweite bestens abschätzen kann. Beim Sehen werden aber statische Details nicht registriert, sondern nur Bewegungen erfasst. Dinge, die in der Nähe sind, kann eine Katze nicht besonders gut sehen. Am

Katzen sehen in völliger Dunkelheit besser als Menschen. Außerdem orientieren sie sich noch an Geräuschen und Gerüchen.

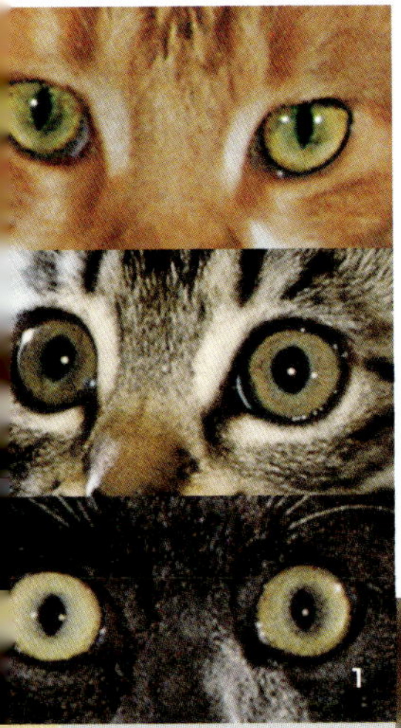

1 Die Form der Pupillen verändert sich mit der Intensität des Lichteinfalls.

2 Die Farbe von Katzenaugen kann Orange, Gelbgrün, Grün und sogar Blau sein.

Das Tapetum lucidum, eine Art Spiegel im Augenhintergrund, reflektiert das Licht, das ins Auge fällt. Es bewirkt, dass Katzenaugen im Dunkeln leuchten.

besten erkennt sie Objekte, die sich etwa zwei bis sechs Meter von ihr entfernt befinden.

Bei hellstem Sonnenschein verengen sich die Pupillen der Katzenaugen zu schmalen Schlitzen und schützen so die Netzhaut. Im Dunkeln öffnen sie sich bis zu zwölf Millimeter weit, vergleichbar der Blendenautomatik einer Kamera. Je weiter die Pupillen der Katzenaugen aufgehen, desto mehr

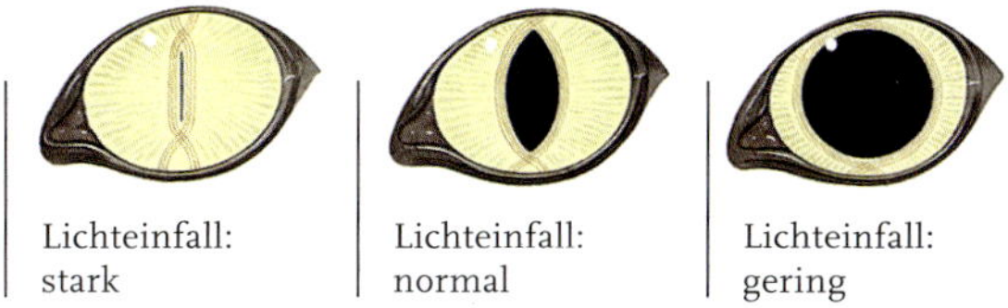


Licht können sie aufnehmen. Selbst wenn für uns Menschen alles zappenduster ist, können Katzen trotzdem noch etwas sehen. Das ermöglichen ihnen winzige Spiegelplättchen im Hintergrund ihrer Augen, die selbst die spärlichste Lichtquelle noch verstärken. Deshalb leuchten Katzenaugen auch in der Nacht, wenn Licht in sie fällt.

Katzenauge ist ein Mineral – z. B. Korund, Quarz –, das Licht in hellen Streifen reflektiert. Die roten Rückstrahler an Fahrrädern und Fahrzeugen nennt man Katzenaugen. Reflektierende Katzenaugen (in Gelb) leuchten auch in den Leitpfosten an Landstraßen.

Eine Besonderheit beim Katzenauge ist die so genannte Nickhaut, quasi ein drittes Augenlid. Diese dünne, weiße Hautschicht, die sich von außen seitlich über den Augapfel schiebt, verteilt die Tränenflüssigkeit und schützt das Auge vor Verletzungen und Fremdkörpern. Eine weitere Eigenart der Katzenaugen sind Nervenzellen, die für Menschen unhörbare Töne aufnehmen und an das Gehirn des Tiers weiterleiten. Also, wenn Ihre Katze etwas nicht hören soll, müssen Sie ihr nicht nur die Ohren, sondern auch die Augen zuhalten.

# **Aussteuer** *für Einsteiger*

Bei Katzen sind Katzentoiletten mit Dach, die kleinen Häuschen ähneln, sehr beliebt. Darin können sie sich während ihres Geschäfts völlig ungestört fühlen.

Kater Henry liebte seine Queen Victoria sicherlich nicht wegen der 400 prächtigen Räume im Buckingham-Palast, sondern eher wegen der kleinen Fußbank, auf der er sich unter ihren langen, weiten Röcken verstecken, schlafen und dösen konnte. Ein königliches Vergnügen ohne großen Aufwand. Eine Katze braucht ja so wenig! Zu ihrer Grundausstattung gehört in erster Linie ihr Fressgeschirr: Futternapf und Wasserschüsselchen aus Kunststoff, Chrom oder Keramik. Dann natürlich das Katzenklo aus abwaschbarem Hartkunststoff. Am besten mit Aufsatzrand, damit beim Scharren nicht zu viel Katzenstreu danebengeht. Zum Saubermachen braucht man außerdem eine Spezialschaufel und eine Extrabürste zum Auswaschen des Kastens mit heißem Wasser. Im Fachhandel sind desinfizierende Deos erhältlich, aber Vorsicht: Die Katze verfügt über eine sehr feine Nase. Und falls sie das verwendete Mittel „nicht riechen kann“, wird sie das Katzenklo meiden, was ja nicht Sinn des Ganzen ist.

Die Streu im Katzenklo sollte mindestens einmal pro Woche erneuert werden. Den Kot kann man täglich mit einer dafür geeigneten Schaufel herausnehmen. Die Katzentoilette regelmäßig mit einer Extrabürste und heißem Wasser auswaschen.

Man kann seiner Katze ein Körbchen zum Schlafen einrichten, aber viele Katzen wechseln alle paar Wochen ihren Lieblingsplatz und schauen dann

1 Ein Transportkorb gehört auch zur Grundausstattung.

2 Futter- und Trinknapf aus Hartplastik

den Korb nicht mehr an. Wenn man einen anschafft, sollte er so groß sein, dass sich darin auch eine ausgewachsene Katze recken und strecken kann. Eine weiche Decke gehört ebenfalls hinein. Sie sollte nicht nur katzen-, sondern auch waschmaschinenfreundlich sein.

Wenn dem Menschen seine Möbel lieb sind, ist ein Kratzbaum unerlässlich. Die Katze braucht ihn nicht nur zum Krallenwetzen, sondern auch zum Angeben: „Schaut her, wie toll ich bin!“ Kratzbäume gibt es in den verschiedensten Größen von der einfachen bis zur Luxusausführung, mit Klettermöglichkeiten, weichen Höhlen, Sitz- und Standplätzen. Das Möbel sollte mindestens so hoch sein, dass sich die Katze daran ganz lang ausstrecken kann. Das ist nämlich auch ein wichtiger Bestandteil für das Ritual ihres Imponiergehabes.

Verwenden Sie als Katzenstreu am besten fertige Produkte; die Streu sollte vor allem geruchsbindend und saugfähig sein, möglichst auch naturrein – der Katze und der Umwelt zuliebe. Denn Katzenstreu muss ja auch entsorgt werden.

Weitere Accessoires für das neue Familienmitglied sind Kamm und Bürste für regelmäßige Fellpflege, ein kleines, weiches Bällchen, möglichst an einem Band befestigt, oder eine speziell duftende Fellmaus zum Spielen.

# **Baby und Katze** – *wenn ein Kind kommt*

Katze und Baby – wird das gut gehen? Diese Frage tritt oft neben die Vorfreude auf das Kind und die Begeisterung der werdenden Eltern. Zu viele Schauergeschichten machen die Runde, als dass man so einfach über das Problem hinweggehen könnte.

Vorweg gesagt: Man kann während der Schwangerschaft einige Vorsichtsmaßnahmen ergreifen. Dazu gehört als wichtigste der Schutz vor Toxoplasmose. Eine Erstinfektion mit den Erregern kurz vor oder während der Schwangerschaft birgt hohe gesundheitliche Risiken für das werdende Leben. Deshalb sollten Mütter in spe jeden Kontakt mit Katzenkot meiden: Das Katzenklo nur mit Gummihandschuhen reinigen oder diese Arbeit delegieren. Auch bei der Gartenarbeit sind Handschuhe angebracht. Der Esstisch sollte für das Tier in dieser Zeit unbedingt tabu sein. Außerdem: Nach dem Schmusen und Streicheln immer die Hände waschen!

Während einer Schwangerschaft sollte man keine junge Katze aufnehmen. Denn nach Meinung von Experten scheidet sie häufiger als ältere Katzen infektiösen Stuhl aus.

1 Babys Bettchen ist für die Katze als Kuschelplatz tabu.

2 Viele Schwangere meiden Katzen, doch solange sich werdende Mütter an bestimmte Regeln halten, sind Katzen für sie völlig ungefährlich.

Die nächste Überlegung: Wie werden sich Katze und Baby vertragen? Auch eine Katze muss man, wie ein älteres Geschwisterkind, auf den Familienzuwachs vorbereiten. Andernfalls rebelliert die Katze, etwa in Gestalt feuchter Flecken auf dem Teppich.

Toxoplasmose wird von Protozoon Toxoplasma gondii ausgelöst. Der Parasit vermehrt sich im Darm der Katze, und zwei bis vier Wochen nach einer Infektion des Tiers werden die Eibläschen mit dem Kot ausgeschieden. Menschen können sich über den Stuhl der Katze anstecken.

Schon bevor das Baby da ist, sollte das Tier von seinem Lieblingsplatz auf dem Schoß langsam entwöhnt und auf ein Kissen daneben dirigiert werden. Vielleicht kann sich ein anderes Familienmitglied jetzt intensiver um die Katze kümmern.

Wenn das Baby da ist, sollte man mit Fingerspitzengefühl vorgehen. Schnuppernd wird sich die Katze den kleinen Menschen, seine Sachen, neue Gerüche nach Babycreme und Windeln erschließen. Möglicherweise wird sie auch entsetzt auf das Geschrei des neuen Familienmitglieds reagieren. Sie darf dabei sein – aber wenn das Baby schläft, sind Kinderzimmer, Wiege, Kinderwagen für sie strengstens verboten. Nicht weil die Katze Böses im Schilde führen könnte, wie manche meinen, sie hat nur eine Vorliebe für kuschelige Plätze, und das Babybett ist für ein Nickerchen nun mal tabu. Damit Eifersucht auf das neue Familienmitglied bei der Mieze erst gar nicht entsteht, sollte man sie in puncto Streicheleinheiten nicht zu kurz kommen lassen.

Wer bereits eine Toxoplasmose durchgemacht hat (oft unbemerkt), verfügt über entsprechende Antikörper im Blut, die Mutter und Kind schützen. Das kann mit einem Test überprüft werden. Die Kosten dafür tragen die Krankenkassen allerdings nur unter bestimmten Voraussetzungen.

Und wenn aus dem Säugling erst ein unternehmungslustiges Krabbelkind geworden ist, dürfen Kind und Katze auch nicht allein miteinander bleiben. Diese Vorsichtsmaßnahme dient jetzt dem Schutz der Katze vor dem tapsigen Forscherdrang ihres kleinen Freundes und seiner im wahrsten Wortsinn erdrückenden Liebe.

# Bastet – *die Göttliche*

Ein Katzensprung in die Geschichte: Es begann vor etwa 4000 Jahren. Felis silvestris libyca, die goldene Nubierin, die aus der afrikanischen Wüste kam, startet ihren Siegeszug durch Ägypten.

Die Katze hat klein angefangen: Als Mäusejäger in den Kornkammern der Pharaonen rettete sie so manche Ernte und damit das Volk am Nil vor dem Verhungern. Die Ägypter dankten es ihr – zunächst mit Gastfreundschaft und Zuneigung, später mit Verehrung und schließlich mit Anbetung.

In knapp 500 Jahren schafften es die fleißigen Mäusefänger zur staatlich anerkannten Heiligkeit aufzusteigen. Die Katzengöttin Bastet, dargestellt als anmutige Frau mit Katzenkopf und einem Korb am Arm, war für Sexualität, Liebe, Leidenschaft, Verführung, Fruchtbarkeit und Freude zuständig. Das Volk feierte sie in feuchtfröhlichen Schiffsprozessionen und sang: „Schützet die Katze, die das Messer wider die Schlange der Finsternis trägt.“ In der Stadt Bubastis im Osten des Nildeltas errichteten

Frühe Darstellung von Katzen auf einem Schmuckstück: Armband mit winzigen Katzenskulpturen aus dem Grab der drei Prinzessinnen Tutmosis' III., Theben-West, Neues Reich, um 1450 v. Chr.

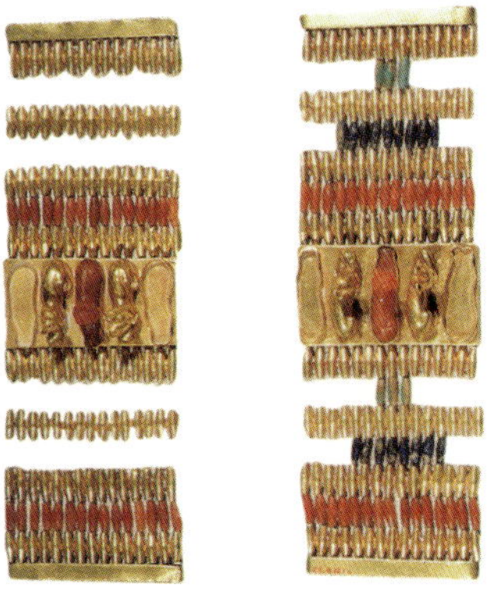

Nachbildungen der Katzengöttin Bastet in der Gestalt von sitzenden Katzen. Die im alten Ägypten hoch verehrte Göttin wird häufig auch als Frauengestalt mit einem Katzenkopf und einem Korb am Arm dargestellt.

ihr die Priester einen Tempel. Nach Berichten des griechischen Geschichtsschreibers Herodot (um 400 v. Chr.) führten Hunderte von Katzen dort ein wahres Luxusleben. Nach ihrem Tod wurden sie – wie die Pharaonen – für die Ewigkeit einbalsamiert.

Die heilige Bastet war die Tochter des Sonnengottes Ra und wurde ursprünglich als Mondgöttin verehrt. In dieser Funktion baten die Frauen sie um Kindersegen und Hilfe bei der Geburt.

Die Mau, so das Wort für Katze (dies haben uns die Hieroglyphen verraten), wurde für heilig gehalten, in den Palästen und auch in den Hütten. Und wenn eine starb, rasierten sich die Hausbewohner als Zeichen der Trauer die Augenbrauen. Wer eine Katze tötete oder verletzte, wurde mit dem Tod bestraft. Eine aufgebrachte Menschenmenge lynchte deshalb sogar einmal einen römischen Legionär.

Katzenverehrung bis in den Tod: Als der persische König Kambyses 500 v. Chr. die Stadt Pelusium vergeblich belagerte, befahl er seinen Soldaten, Katzen auf ihre Schilde zu binden und in die Stadt zu marschieren. Daraufhin ergaben sich die Bewohner.

Nach der Einbalsamierung setzte man die toten Katzen in Mausoleen bei. Hunderte der kleinen Mumien wurden Anfang dieses Jahrhunderts von englischen Archäologen ausgegraben und als Geschenk Ägyptens nach London verschifft. Einige von ihnen kann man sogar heute noch im Britischen Museum sehen – doch die meisten landeten als Dünger auf britischen Kartoffelfeldern.

# Beleidigte Katze

„Normalerweise leiden Katzen weniger unter emotionellen Störungen als Hunde, wahrscheinlich, weil wir sie nicht bis zu demselben Grad von uns abhängig gemacht haben.“
*Michael W. Fox, Verhaltensforscher*

„Katzen verschmutzen ihr Heim niemals aus Bosheit. Eine Katze, die das tut, versucht ihrem Halter auf die einzige ihr mögliche Art verständlich zu machen, dass etwas nicht stimmt.“
*Grace McHattie, Katzenpsychologin*

Wenn eine Katze beleidigt ist, schmollt sie schon mal längere Zeit. Und sie lässt es ihren Menschen gründlich spüren, wenn sie auf ihn sauer ist. Dazu sagt die englische Autorin A. P. Reilly: „Wenn eine Katze beleidigt ist, ist jeder Quadratzentimeter von ihr beleidigt. Sogar Männer und Frauen mit Macht und Intelligenz wurden von Katzen, die ihnen den Rücken kehrten, in die Knie gezwungen.“

Manchmal strafen sie einfach nur durch Missachtung, schauen zur Zimmerdecke hinauf und schalten auf stur. Manchmal schütteln sie verächtlich, ja fast angewidert eine Pfote. Beispielsweise aus Protest, weil nicht das richtige Futter im Napf ist oder weil das Katzenkistchen nicht rechtzeitig sauber gemacht worden ist. Oder es stinkt ihnen einfach, weil ihr Mensch zu stark nach etwas riecht, was ihnen missfällt. Vielleicht ist sein Parfüm oder Deo zu stark oder er riecht nach Zigarettenrauch. Ganz schlimm ist, wenn ihr Mensch den Geruch eines Hundes oder gar einer fremden Katze mitbringt.

Bedenklich wird es, wenn die Katze ihr Futter nicht anrührt, obwohl ihr Lieblingsmenü auf dem Teller ist. Und der schlimmste aller Fälle: wenn das Katzenklo ignoriert wird, und zwar mit voller Absicht! Man findet Urin- oder Spritzspuren in den unmöglichsten Ecken. Man schnüffelt dem penetranten Geruch in der Wohnung nach. Reinigt die Stellen mit Essig und Spezialsprays, doch nichts hilft. Am nächsten Tag stinkt es woanders.

Menschen nennen so etwas gern Verhaltensstörungen – Katzen zeigen ihnen damit: Ich bin sauer! Jetzt hilft nur noch Detektivarbeit. Was könnte die Katze beleidigt haben? Was hat der Mensch falsch gemacht? Die Möglichkeiten sind nahezu grenzenlos: Ein Besucher hatte sich zu lange einquartiert, das Tier fühlt sich zu wenig beachtet ...

Über eine solche Situation berichtet Erich Kästner: „Wenn ich mit dem Koffer ins Haus trete, kommen die Katzen treppab, schauen mich kurz an und gehen mir, mindestens zehn Minuten lang, ostentativ aus dem Weg. Da ist kein Herr heimgekehrt, dem man die Hand küsst, sondern der Freund, der sie gekränkt hat. Das muss man ihm heimzahlen. Da muss man die Wiedersehensfreude verbergen, wenn auch nur für zehn Minuten. Dann erst kommt man en passant zurück, hilft beim Kofferauspacken und blickt dem geliebten Halunken ins Gesicht."

Es soll Katzen geben, die mit dem Beleidigtsein nicht erst warten, bis ihr Mensch heimkommt. Sie pinkeln ihm schon in den Koffer, bevor er abfährt!

Manche Katzen schmollen, wenn man nach längerer Abwesenheit wieder nach Hause zurückkommt. Aber keine Sorge: Lange hält das Ihr Liebling nicht durch. Bald wird er wieder der Alte sein!

1 Wenn eine Katze beleidigt ist, lässt sie das den Menschen spüren.

2 Faucht sie, will sie zeigen, dass ihr etwas nicht passt.

# Bettgeflüster

„Ich habe nichts gegen eine Katze auf ihrem Platz. Aber dieser ist nicht mitten auf meinem Rücken um vier Uhr morgens ...“(Maynard Good Stoddard).

„Katzen schlafen
überall,
Auf dem Schreibtisch
allemal,
Auf dem Stuhl,
Auf dem Klavier,
Einem Korb
Zeitungspapier.
In einer Ecke,
einer Lade,
auch ein Schuh ist
nicht zu schade.
Auf dem Sims,
in einem Schrank,
auf der Kante einer Bank.
Es ist egal.
Auf jeden Fall
schlafenKatzen überall.“
*Eleanor Farjeon*

Katzen im Bett – die meisten Menschen leugnen strikt, dass ihre bei ihnen schläft ... Aber sie tuts! Wer merkt schon, wenn er im Tiefschlaf liegt, dass sich da jemand leise, ganz leise eingeschlichen und am Fuß- oder Kopfende zusammengerollt hat? Erst wenn im Morgengrauen die Brust zentnerschwer wird, das Kopfkissen besetzt ist, dann weiß der Mensch: Sie hat es mal wieder geschafft – und irgendwann kapituliert dann wohl jeder. Es soll allerdings Katzenbesitzer geben, die sich durchsetzen. Tür zu, basta und Schluss! Aber was ist mit denen, die ein weiches Herz haben?

Wer nicht möchte, dass die Katze ins Schlafzimmer kommt, dem wird als Erziehungsmaßnahme empfohlen, das Tier immer wieder konsequent hinauszuschicken. Oder man bietet ihr in der Nähe des Betts ein verlockendes Plätzchen an. Dazu eignet sich ein kuscheliges Körbchen.

Nach einer Ermittlung von Tierärzten bevorzugen 80 % der Hauskatzen das Bett ihres Menschen als Schlafplatz.

Doch gleichzeitig stellt sich die Frage: Warum soll eine Katze eigentlich nicht ins Bett? Dazu gibt es ganz unterschiedliche Meinungen. Gegner halten Tiere im Bett grundsätzlich für unhygienisch. Auch fühlen sich manche Katzenbesitzer von dem Bedürfnis ihrer Tiere nach Nähe und Wärme bedrängt oder im Schlaf gestört. Das Problem ist, dass Katzen, denen ihr Mensch erlaubt mit ihm das Bett zu teilen, lieber auf ihm liegend schlafen als daneben.

Fürsprecher sagen, das Schnurren ihrer Katze lasse sie besser einschlafen, und die Wärme sei sehr

1–2 Lieblingsplatz Bett: Hier können auch Katzen am besten entspannen – vor allem, wenn sie auf ihrem Menschen liegen!

3 Handtücher sind ebenfalls als Liegeplatz sehr beliebt.

Der Katzenschlaf besteht aus fünf Phasen: einem halb wachen Dämmern, dem leichten Schlaf und drei Graden von Tiefschlaf, paradoxer Schlaf genannt. Träume hat die Katze im Tiefschlaf.

behaglich. Und überhaupt komme das Bettverbot aus einer Zeit, als Katzen noch auf Bauernhöfen im Stroh in den Ställen schlafen mussten. Hauskatzen, die geimpft sind, haben weder Flöhe noch anderes Ungeziefer oder ansteckende Krankheiten, die sie auf den Menschen übertragen könnten.

Beruhigend für Gegner wie für Freunde: Katzen verbringen nie die ganze Nacht im Bett. Irgendwann zwischen zwei Uhr und Morgengrauen ziehen sie sich auf einen ihrer anderen Lieblingsplätze zurück.

# **Blumentöpfe** *und Grünzeug*

Wer mit Katzen lebt, sollte wissen, dass er vorsichtshalber giftige Pflanzen wie Oleander, Alpenveilchen, Calla, Glyzinien, Efeu oder Misteln aus seiner Wohnung verbannen sollte. Katzen mögen es nämlich, an Grünzeug verschiedenster Sorten zu kauen und es zu fressen, denn sie brauchen Grünes, damit sie Haarballen erbrechen können.

Tiermediziner glauben, dass Katzen nicht nur deshalb Grünes fressen, um die unverdaulichen Haare auszuwürgen, sondern weil sie Folsäure benötigen, die in den Pflanzen enthalten ist. Aber das sind Vermutungen, die nicht bewiesen sind.

Beim Lecken mit ihrer rauen Zunge verschluckt die Katze jede Menge Haare, die nicht verdaut werden können. Am liebsten fressen Katzen harte, spitze Gräser. Diese legen sich im Magen um die Haare, bilden kleine Ballen und erzeugen einen Würgereiz. Das herausgewürgte Gewölle ist (meistens) fest und trocken. Man kann es mit Papiertüchern oder einem feuchten Lappen wegwischen. Bei vielen Katzen kann das täglich vorkommen.

Katzen, die hauptsächlich im Freien leben oder viel nach draußen gehen, fressen dort Gras und würgen es in der Regel auch draußen wieder aus. Lebt eine Katze nur im Haus, sollte man ihr unbedingt Grünes hinstellen. Wer nicht möchte, dass die Katze Grünpflanzen frisst, sollte im Zoogeschäft so genanntes Katzengras besorgen. Allerdings sei angemerkt, dass viele Katzen es nicht ausstehen können, sie mögen Zyperngras viel lieber. Aber wenn die Katze ständig daran frisst, dann geht es nach acht bis zehn Wochen ein.

Wer nicht möchte, dass seine Katze in der Wohnung die Grünpflanzen anfrisst, sät ihr am besten regelmäßig Katzengras aus. Die Samen sind im Fachhandel erhältlich.

Grünes aus Blumentöpfen oder Sträußen knabbern Katzen ebenfalls gern an. Wer sie nicht davon abhält, muss manchmal Scherben auffegen, wenn im Eifer des Gefechts eine Vase oder ein Blumentopf zu Bruch gegangen ist.

1 Katzen nagen sehr gern am Zyperngras. Doch die meisten Pflanzen vertragen das nicht.

2 Der Wohnungskatze sollte man einen Topf mit Katzengras zum Knabbern hinstellen.

3 Zum Fressen reizen harte Blätter weniger – dafür zum Spielen umso mehr.

# Cats – *und kein Ende*

1

Die berühmtesten Katzen der Welt feiern ein mitreißendes Fest. Und überall auf der Welt lässt sich das Publikum von dem Gesang begeistern, genießt die fantasievollen Kostüme und die temperamentvolle Bühnenshow. „Cats“ – das Musical – startete 1981 im New London Theatre seine Erfolgsgeschichte. Und die Städte der Welt rissen sich darum: Nach New York, Wien, Los Angeles und Chicago, Tokio, Oslo und Paris erhielten die Katzen auch im Operettenhaus in Hamburg ein eigenes Domizil.

„Cats“ und seine Macher wurden mit Auszeichnungen geradezu überhäuft. Sie erhielten u. a. 1983 sieben Tony Awards (das Gegenstück zum Oscar) als bestes Musical, für die beste Musik, das beste Buch, die beste Regie, die besten Kostüme und die beste Lichtregie.

Eine bunte Katzenschar trifft sich zwischen Schrott und alten Autoreifen zum jährlichen Katzenfest, dem Jellicle Ball. Witzige Typen sind darunter: der Theaterkater Gus, der Rock-'n'-Roll-Kater Rum Tum Tugger, der Bösewicht Macavity oder das Chaotenpärchen Mungojerry und Rumpleteazer und die einst schöne Grizabella, die, inzwischen leicht abgetakelt, verzweifelt um Anerkennung kämpft. Allein in Hamburg turnten und schnurrten die Katzen in 13 Jahren 5400-mal über die Bühne, und 5,6 Millionen Zuschauer verfolgten das Spektakel.

Die Londoner „Cats“-Produktion läuft bereits seit 18 Jahren. Es ist das Musical mit der längsten Spieldauer in der Geschichte des Londoner Westends. Kartenbestellung über: Global-Ticket, Berlin, Tel. 0 30/6 88 89 60; London, Tel. 00 44-1/7 14 05 00 72.

Den Erfolg verdankt das Musical den eingängigen Melodien Andrew Lloyd Webbers. Aber was ist mit den Katzen? Ohne sie wäre all das undenkbar. Sie sind eine Erfindung des englischen Dramatikers T. S. Eliot, der 1939 im „Old Possum's Book of Practicle Cats“ seine liebevoll-komischen Katzengedichte veröffentlichte. Er verlieh den Tieren menschliche Züge, hat ihre Stärken und Schwächen zum Thema gemacht. Das Werk ist die Vorlage für das kongeniale Musical, der Fundus an verrückten Typen geradezu ideal. Lesen kann man die Texte aber auch!

2

3

4

**1** Cats-Plakat des Operettenhauses Hamburg

**2** Die Katze Grizabella in Hamburg: Julia Hawson

**3–4** Gus und Jelly und der Jellicle Ball auf dem Schrottplatz

# **Catsitter** – *Aufsicht für die Katze*

Machen Sie es dem Catsitter einfach: Stellen Sie für die Zeit Ihrer Abwesenheit die ausreichende Menge Dosenfutter und Katzenstreu bereit. Notieren Sie die Telefonnummer des Tierarztes sowie Ihre Urlaubsanschrift, und lassen Sie eine Checkliste mit allem, was in der Zeit zu beachten ist, zurück.

Endlich in den Urlaub fahren: einmal Spanien und zurück! Ein Wochenende zum Segeln oder kurz zum Shopping nach London. Mobil sein ist selbstverständlich und macht Spaß – nur nicht der Katze.

Die meisten bleiben lieber in ihren gewohnten vier Wänden, ihre Lieblingsplätze in erreichbarer Nähe – so fühlen sie sich am wohlstenWenn der Mensch in Urlaub fahren möchte, dann sind hilfsbereite Mitmenschen gefragt, die sich während der Abwesenheit um den vierbeinigen Hausgenossen kümmern.

Wer katzenfreundliche Nachbarn hat, mit denen er sich auch gut versteht, ist fein raus, denn er kann unbesorgt verreisen. Täglich das Wasser wechseln, neues Futter, ein wenig kraulen, spielen, toben und regelmäßig das Katzenklo sauber machen – so gut versorgt, hält es die Katze schon einige Tage aus.

Vielleicht wollte ein Kollege, eine Kollegin schon immer eine Katze haben und übernimmt auf dem

1 Bei zwei Katzen sollte der Sitter am besten in die Wohnung kommen.

2 Ideal ist es, wenn man die Katze jemandem zur Pflege überlassen kann, den sie schon kennt.

Weg zur Arbeit während des Urlaubs gern die Pflege – sozusagen probehalber. Doch nicht jeder ist mit hilfsbereiten Freunden gesegnet. Besonders in Großstädten ist es häufig schwierig, eine passende Betreuung zu organisieren. Deshalb haben sich schon vor Jahren Katzenfreunde zusammengeschlossen und die ersten Catsitter-Klubs gegründet. Dieses Konzept machte Schule, es fand zahlreiche Nutzer und weite Verbreitung.

Wer auf Nummer sicher gehen will, kann einen Pensionsvertrag abschließen, in dem alles Wichtige geregelt ist. Musterverträge gibt es beim Deutschen Tierschutzbund (Hotline 02 28/ 6 04 96 27). Hier erfährt man auch, welcher Tierschutzverein an der Vermittlungsaktion „Nimmst du mein Tier – nehm ich deins" beteiligt ist.

Die Mitglieder versorgen ihre Haustiere gegenseitig. So kann der Katzenmensch unbesorgt in Urlaub fahren, weiß er doch seinen Liebling in den besten Händen. Der Vorteil dieses Systems: Die Betreuer – meist selbst Katzenbesitzer – kennen sich bestens aus und lassen sich von den Kapriolen einsamer Haustiere nicht so schnell aus der Fassung bringen. Wer gern mit anderen Katzenbesitzern Erfahrungen austauschen möchte, findet hier überdies einen Kreis für Gespräche.

Die Klubs sind je nach Städten unterschiedlich organisiert, aber alle orientieren sich an den Bedürfnissen ihrer Mitglieder. Kontaktadressen vermittelt in der Regel der Tierarzt. Eine weitere Alternative zur Versorgung der Katze während der Abwesenheit ihres Menschen sind Tierpensionen und -hotels. Die „Süddeutsche Zeitung" meldete, dass im Juli 1999 in Hilden ein Tier-Grandhotel eröffnet hat. Hier können Hund, Katze und andere Haustiere während des Urlaubs von Herrchen und Frauchen gegen entsprechendes Entgelt logieren. Die Tierbesitzer stehen schon Schlange – Hotels in anderen deutschen Großstädten sind in Planung.

# **Check-up** – *ist die Katze gesund?*

Die normale Körpertemperatur einer Katze liegt zwischen 37,8 und 39,2 Grad Celsius. Wenn das Tier krank ist, zeigt das Thermometer Werte, die deutlich darunter oder darüber liegen.

Als sie einst in freier Wildbahn jagen mussten, um satt zu werden, entschieden ihre Fitness und Gesundheit über das Überleben der Katzen. Nur kräftige Tiere überstanden den Winter. Da geht es den Stubenkatzen von heute besser, sie werden rundum versorgt – und auch für den Checkup in Sachen Gesundheit ist ihr Mensch zuständig. Glücklicherweise sind Katzen robuste Tiere, sie sind widerstandsfähig und selten ernsthaft krank. Und damit das auch lange so bleibt, sollte man sich den Hausgenossen hin und wieder genau anschauen um festzustellen, wie es um seine Form steht.

Die wichtigsten Merkmale für eine gesunde Katze sind: glänzendes Fell, leuchtende Augen, eine ruhige und ausgeglichene Atmung, saubere und rosige Ohrmuscheln, weiße Zähne und rosa Mundschleimhäute. Ihr Appetit ist gut, sie verlangt zu den festen Zeiten nach ihrem Futter. Sie ist munter und nimmt neugierig an ihrer Umgebung teil.

Bei Krankheitsanzeichen sollte man auf gar keinen Fall eine Eigendiagnose stellen oder irgendwelche Medikamente eingeben, sondern zum Tierarzt gehen.

Ist auf dem Katzenklo auch alles in Ordnung, dann ist das Tier kerngesund. Urin setzen Katzen mehrmals täglich ab, Kot ein- bis zweimal am Tag.

Eine kranke Katze wirkt apathisch und desinteressiert. Ihre Augen sind trübe, ihr Fell glanzlos. Sie putzt sich kaum, frisst schlecht oder gar nicht, sie trinkt ungewöhnlich viel oder nimmt gar keine Flüssigkeit zu sich. Sie geht häufiger als sonst aufs Klo, versucht zu urinieren und maunzt dabei klagend.

Dies alles können Anzeichen einer möglichen Erkrankung sei. Aber geraten Sie nicht in Panik! Am besten Sie beobachten das Verhalten Ihres Tiers genau und gehen im Zweifelsfall zum Tierarzt.

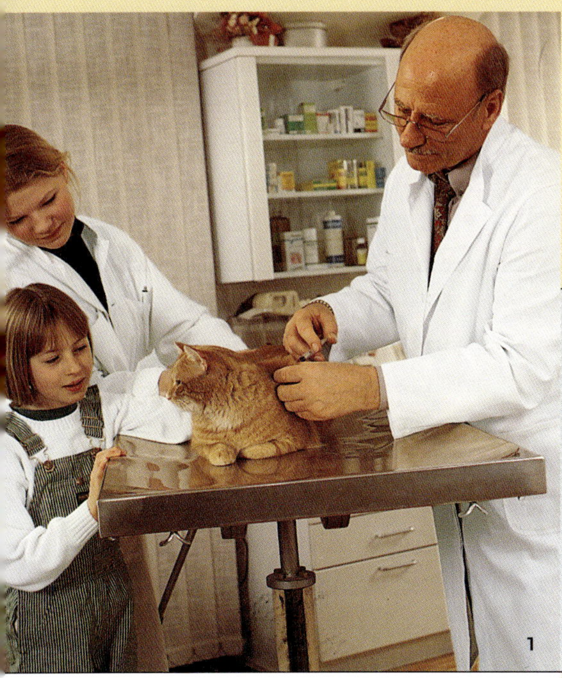

1

1 Lassen Sie Ihre Katze regelmäßig vom Tierarzt impfen.

2 Das Zahnfleisch muss rosig aussehen, der Atem darf nicht riechen. Zahnstein sollte öfter entfernt werden.

3 Körperhaltung und Fell der Abessinierkatze zeigen, dass es ihr gut geht.

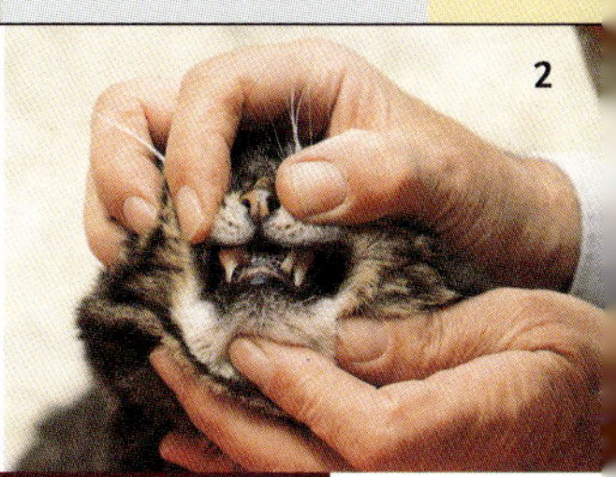

2

3

# **Comic-Katzen** *bringen Mäuse*

Katzen sind wunderbare Comic-Helden. Menschlich, allzu menschlich sind ihre Charakterzüge in diesen Bildgeschichten, doch kommen dabei auch immer ihre animalischer Anlagen voll zur Entfaltung.

Bei aller Katzenverehrung zeigten die Ägypter auch Humor: In einem Papyrus aus dem Jahr 1150 v. Chr. sind Katzen als Hausbedienstete dargestellt, die eine sitzende Mäuse- oder Rattendame bedienen.

Die erste Erfolgsstory zeichnete George Herriman, der ab 1910 seine Heldin Krazy Kat mit ihrer geliebten Maus Ignatz in den Ring schickte. Klar, dass die Katze immer den Kürzeren zog. Felix the Cat von Pat Sullivan trat wenig später schon auf Zelluloid an. Diesen gewitzten Überlebenskünstler mit den großen weißen Augen schickte Otto Messmer am Ende der Stummfilm-Ära auf Abenteuer.

Dann gingen die Comic-Katzen in den Untergrund. Pardon: die Kater, die sich in Gossen und Gassen verlustierten. Die Katzendamen erhielten dagegen ihren kultivierten Auftritt: „Aristocats“ von Walt Disney avancierte zum Familienknüller – brav, stubenrein und garantiert jugendfrei. Das kann man von den Herren der Katzenschöpfung nicht gerade sagen. Die Kater glänzten mit fiesem Charakter: Kater Carlo von Walt Disney beispielsweise. Seit 1940 darf der Kater Tom mit seinem liebsten Feind, der Maus Jerry, ein grausames Spiel treiben – aber niemals gewinnen. Die beiden sind auf Tassen und T-Shirts verewigt und haben einen festen Platz in den Herzen der Comic-Fans jeden Alters.

„Fritz the Cat“ von Robert Crumb ist ein lasterhafter Faulpelz und immer für einen Spruch gut. Er hat ständig Stress mit Frauen oder mit der Polizei. In den 70er-Jahren war der Nichtsnutz Kultfigur in der Studentenszene: „Mann, das Leben ist hart ...“

Wie Garfield von Jim Davis: „fett, faul und filosofisch“ – so charakterisiert sich der Schwerenöter mit dem Schlafzimmerblick selbst. Wer würde nicht auch mal gern alle fünf gerade sein lassen, sich einen Drink schnappen und unterm Sonnenschirm den Tag verdösen? Garfield gibt echte Lebenshilfe.

1

**1** Kinderzeichnung nach Garfield

**2** Früher Comic: Minz und Maunz aus dem „Struwwelpeter“ (1845)

**3** Nobel: die „Aristocats“ aus Walt Disneys Filmklassiker

# Co-Therapeut Katze

Wer mit einer Katze zusammenlebt, ist gesünder als jemand, der allein lebt. Katzenmenschen brauchen in Belastungssituationen seltener einen Arzt, nehmen weniger Medikamente ein, sind kaum depressiv und leiden nicht so häufig an Herz-Kreislauf-Erkrankungen wie andere Menschen.

„Meine Katze ist die beste Therapie gegen Stress. Wenn ich sie streichle, werde ich ruhig. Ich habe das Gefühl, ich streichle meine Seele.“
*Victoria Principal, amerikanische Filmschauspielerin*

Einige internationale Untersuchungen haben in den letzten Jahren wissenschaftlich bewiesen, was Heimtierbesitzer längst schon ahnten: Ihre Gesundheit profitiert gewaltig von der Beschäftigung mit ihrem schnurrenden Liebling. Der Sozialpädagoge Frank Nestmann ist der Meinung, dass sich dieser positive Effekt aus dem Zusammenwirken von körperlichen, seelischen und sozialen Komponenten ergibt: Allein die Katze auf dem Schoß zu halten und zu streicheln baut Stress ab, senkt den Blutdruck, stabilisiert Puls und Kreislauf, entspannt die Muskeln. Im Spiel mit dem Tier, beim Lachen und Schmusen werden Botenstoffe des Nervensystems ausgeschüttet, die Schmerzen verringern. Die Stim-

**1** Das Zuammensein mit einer Katze hat nachweislich positive Effekte auf die Gesundheit.

**2** Ärztlich empfohlen: Schmusen mit der Katze als seelische Streicheleinheiten

mung wird beflügelt und das Immunsystem gestärkt. Außerdem fühlt sich ein Mensch, der eine Katze im Haus hat, nicht einsam.

Die größten Auswirkungen hat „Therapeut Katze“ auf das Seelenleben. Das zeigt sich besonders in Krisensituationen, wie der Soziologe Reinhold Bergler in einer Studie herausfand. 79 Prozent der Katzenbesitzer, die von ihm befragt wurden, zeigten sich davon überzeugt, dass ihnen ihre Katze eine wesentliche Hilfe dabei ist, schwierige Situationen zu bewältigen. Die Katze wendet sich dem Menschen zu und wirkt tröstend. Wer ein Tier versorgt, hat eine Aufgabe, lässt sich nicht so leicht gehen. Katzen vermitteln Lebensfreude, und sie stärken das Selbstbewusstsein. Außerdem liebt der vierbeinige Gefährte seinen Menschen ohne Wenn und Aber.

Besonders ältere Menschen profitieren vom liebevollen Zusammensein mit einem Tier. Denn bei der Katze zählen Äußerlichkeiten nicht, sondern sie genießt hingebungsvoll die streichelnde Hand. Außerdem haben ältere Menschen mit der Versorgung eines Haustiers eine Aufgabe, und dadurch können sie Lebensmut gewinnen. Aus diesen Gründen nehmen heute immer mehr Alten- und Pflegeheime Bewohner zusammen mit ihren Heimtieren auf. In manchen Einrichtungen leben sogar „Stationstiere“, um die sich die Bewohner kümmern können. In den meisten Fällen sieht das Pflegepersonal das Experiment als gelungen an: Die Arbeit, die man mit den Tieren habe, werde von den positiven Effekten auf die alten Menschen (Ausgeglichenheit und Ansporn zur Aktivität) mehr als aufgewogen.

Beim Bundesverband Tierschutz e. V., Walpurgisstr. 40, 47441 Moers, Tel. 0 28 41/2 52 44 gibt es Adressen von Seniorenheimen, in denen Katzen erlaubt sind. Die Broschüre „Ein Plädoyer für die Tierhaltung in Alten- und Pflegeheimen“ erhält man gegen 3 Mark in Briefmarken bei: Kuratorium Deutsche Altershilfe, Ines Jonas, An der Pauluskirche 3, 50677 Köln.

# Duo infernal – *zwei Katzen im Haus*

Es heißt, die schlimmste Einsamkeit sei die zu zweit. Auf Menschen und ihre Partnerschaften mag das manchmal zutreffen. Bei Katzen stimmt das nie! Zwei Katzen sind nicht einsam, auch wenn ihr Mensch tagsüber nicht da ist. Sie können miteinander spielen, sich gegenseitig putzen und noch viel mehr.

Katzen sind glücklich im Duett. Aber zu glauben, das hieße, dass sie immer brav sind, wäre falsch. Katzen mögen Dummheiten und bei einem Duo sind das Dummheiten hoch zwei. Manchmal gebärden sie sich sogar wie ein Duo infernal – nach dem Motto: Wenn der Mensch aus dem Haus ist, tanzen die Katzen auf dem Tisch! Da finden Prügeleien statt, oder es geht die Wände und Möbel rauf und runter.

Es steht fest, dass zwei Katzen glücklicher sind als eine allein. Zwei können miteinander spielen, sich putzen, eng aneinander gekuschelt schlafen – es wird ihnen nie langweilig. Wer allein lebt, sollte sich am besten zwei Katzen nehmen.

Wenn eine zweite Katze ins Haus soll, wann? Ideal wäre es, beide gleichzeitig aufzunehmen, am besten als junge Kätzchen aus einem Wurf. Wer die Wahl hat, sollte die Katzenkinder beobachten und dann die Wurfgeschwister nehmen, die dicht nebeneinander liegen. Denn die mögen sich garantiert.

Wer schon eine Katze hat, kann trotzdem eine zweite dazunehmen. Ist sie älter als die bereits vorhandene, kein Problem, Katzen arrangieren sich schnell. Bei einem jüngeren Tier kann es schon mal Zoff geben, dann muss der Mensch eingreifen – aber mit Gefühl. Wenn der Neuankömmling verstanden hat, wer den Ton angibt, wird sich das Pärchen bald vertragen – oder zumindest tolerieren.

Dass zwei Katzen glücklicher sind als eine, ist bewiesen – besonders in einem Single-Haushalt, in dem eine Einzelkatze aus Einsamkeit lethargisch würde. Und dass sie im Duo sogar länger leben, ebenso.

1 Immer zu zweit: Ein Katzenduo kann unzertrennlich sein.

2 Am besten, man nimmt ein Doppel ins Haus, wenn die Katzen noch klein sind.

3 Wer gern ein Katzenpaar aufnehmen möchte, sollte sich für Geschwister entscheiden. Beobachten Sie die Jungen, dann sehen Sie, welche sich gut vertragen könnten.

1

2

3

# Erziehung *für die Katz?*

Egal, ob sie nun rund sind oder schlank, selbst die hohlwangigsten Siamkater haben einen gehörigen Dickkopf. Und den wollen sie auf jeden Fall gegen ihren Menschen durchsetzen! Katzen wissen ganz genau, was sie wollen, und deshalb sind Versuche, sie abzurichten, wie „Komm, sitz" oder „Platz!" bei ihnen gänzlich wirkungslos.

Katzen sind beweglich und gelehrig – sie wären die idealen Zirkusakrobaten. Aber es gelingt nur selten, sie zu dressieren, denn sie sind Individualisten und hassen das Befolgen von Kommandos.

Das heißt noch lange nicht, dass man einer Katze jede „Ungezogenheit" ohne Einschränkung durchgehen lassen sollte. Es gibt bestimmte Wege und Mittel, sogar diese Individualisten bis zu einem gewissen Grad zu erziehen ... Doch halt – Katzenkenner machen hierbei feine Definitionsunterschiede. Für die Erziehung der Katzenbabys ist Mutter Katze zuständig, der Mensch kann dann später, wenn das Tier zu ihm kommt, nur noch dessen Ausbildung übernehmen. Darunter versteht man alles, was man einer Katze beibringen kann – und um das zu erreichen, braucht man unendlich viel Ausdauer und Nachsicht.

1 Katzen sind aufmerksame Tiere und an ihrer Umwelt interessiert.

2 Neugier: Hat sich eine Katze etwas in den Kopf gesetzt, dann gibt sie auf keinen Fall nach.

Es gibt beispielsweise Katzen, die auf ihren Namen hören. Ihnen das anzutrainieren wird dann gelingen, wenn man sie immer wieder freundlich bei ihrem Namen ruft. Und wenn die Katze daraufhin neugierig herbeigelaufen kommen sollte, muss man entweder mit ihr spielen oder ihr etwas zum Fressen geben (dann funktioniert es garantiert!).

Die beste Methode, Katzen zu erziehen, ist antiautoritär: Man kann mit Zuwendung und kleinen Tricks bei ihnen fast alles erreichen. Befehle und Strafen sind nicht nur verboten, sondern sie wären auch sinnlos.

Bei der Erziehung von Katzen gilt grundsätzlich, dass ein Befehl immer mit etwas Angenehmem verbunden sein sollte. Es muss quasi eine Belohnung geben für das, was die Katze gut gelernt hat. Und ebenso gilt, dass man eine Katze niemals schlagen darf! So etwas würde sie ihrem Menschen ein Leben lang nicht verzeihen. Für die Katze ist die Hand ihres Menschen nämlich mit dem Streicheln verbunden, und deswegen sollte man das Tier auf keinen Fall damit schlagen.

Wer bei Katzen etwas erreichen will, muss ihr Vertrauen gewinnen. Strafen, etwa mit Futterentzug, ist strengstens verboten! Das heißt jedoch nicht, dass man seinen Samtpfoten alles durchgehen lassen soll. Aber: Eine Strafpredigt muss unbedingt immer gleich nach frischer Tat erfolgen. Am besten man ruft laut mehrmals „nein“ oder klatscht leicht in die Hände. Auch kann man sie mit einem festen Griff ins Genick (das kennt jede Katze aus der Kinderstube) vom Ort des Geschehens wegtragen. Das sind wirksame Erziehungsmittel.

„Hunde haben ein Herrchen oder Frauchen – Katzen ihr Personal.“
*Rolf Spangenberg, Tierarzt und Katzenexperte*

Zur Erziehung gehört es aber auch, dass man seinen Liebling hin und wieder lobt. Streicheln Sie Ihren Dickkopf zur Belohnung ausgiebig und reden Sie ihn in aufmunterndem, freundlichem Tonfall an.

# *Ein* **Fall** *für vier Pfoten*

Katzen sind Weltmeister im freien Fall, drehen sich in der Luft und landen (fast) immer sicher auf allen vier Pfoten. Das Geheimnis: Sie benutzen während des Fallens den Schwanz als Bremse und Steuer. Er wirkt der Drehbewegung des Körpers entgegen, bis das Kleinhirn als Gleichgewichtszentrale eine Notlage signalisiert. Dann dreht sich der Vorderkörper über die Schulter, die Wirbelsäule bildet fast einen rechten Winkel, bis auch das Hinterteil gerade gerichtet ist. Die Katze kommt, den Körper mit dem Schwanz im Flug stabilisierend, auf allen vieren auf.

Ganz ungefährlich ist ein Sturz auch für eine Katze nicht. Er kann sogar tödlich sein. Die Mindesthöhe, die eine Katze braucht, um sich im freien Fall zu drehen, damit sie am Boden auf den Füßen aufkommen kann, liegt bei 3 m.

Stürzt eine Katze aus großer Höhe, kann sie die Pfoten so ausrichten, dass die Spannhaut von Vorder- und Hinterbeinen und die Häute zwischen den Zehen wie kleine Fallschirme wirken. Das bremst ihren Fall. Die höchste Fallgeschwindigkeit erreicht sie aus einer Höhe von 20 Metern. Wenn die Katze einen solchen Fall unverletzt übersteht, kann ihr auch ein Sturz aus noch größerer Höhe wenig anhaben.

Das hat Leo, ein Kater in New York, bewiesen. Er überlebte einen Sturz aus dem 46. Stock. Der Kater war allein in der Wohnung, und die Tür zum Balkon stand offen ... Als Leos Besitzer nach Hause kam, hockte sein Kater wimmernd in einem Blumenkübel neben dem Eingang des Wolkenkratzers. Durch den heftigen Aufprall war zwar Luft aus der Lunge in die Brusthöhle gepresst worden, was sehr schmerzhaft war – aber Leo überlebte den Sturz.

Jeden Sommer fallen in New York etwa 500 Katzen aus Wolkenkratzern. Dort beschäftigen sich Wissenschaftler mit dem Phänomen Fenstersturz – nirgendwo sonst lässt sich das besser erforschen.

Das Gleichgewichtsorgan der Katze, das sich im Innenohr befindet, hilft ihr dabei, sich während des Falls zu orientieren und entsprechend zu reagieren.

1

2

3

**1** Im Fall dreht sich die Katze und kommt mit allen vieren auf dem Boden auf.

**2** Gleichgewichtssteuer Schwanz – auch wenn die Katze springt

**3** Balanceakt auf schmalen Zaunpfählen

# **Fast Food** – *Beute aus der Dose*

1

Napoleon ist an allem schuld. Er, der keine Hunde mochte – Joséphines Schoßhündchen biss ihm auf dem Liebeslager ins Bein – und Katzen hasste, hat das Dosenfutter sozusagen erfunden – allerdings unbeabsichtigt. Er brauchte haltbare Lebensmittel für seine Soldaten, „denn eine Armee marschiert auf ihrem Magen". Er beauftragte den Koch Nicolas Appert, ein Verfahren zur Nahrungsmittelkonservierung zu entwickeln. Doch das Ergebnis war nicht zufrieden stellend.

Fast zur gleichen Zeit gelang es dem Engländer Peter Durand, Speisen in Blechdosen haltbar zu machen. Versorgt wurde damit die Royal Navy – im Krieg gegen Napoleon ... Das war um 1810. Danach wars praktisch nur noch ein Katzensprung zum Futter aus der Aufreißschale!

Die Zusammensetzung von Fertignahrung besteht aus dem, was wild lebende Katzen mit ihrer Beute aufnehmen: Nährstoffe aus den Innereien, dem Fleisch, den Muskeln und aus dem Speisebrei,

2

3

4

**1** Das Napfdesign interessiert den Menschen, nicht die Katze.

**2–3** Das Fertigfutter enthält alle notwendigen Nährstoffe.

**4** Klassische Katzenmahlzeit: die Maus

der sich in Magen und Darm der Beutetiere befindet – eine Mischung aus tierischem und pflanzlichem Eiweiß und Getreide. Alle diese Inhaltsstoffe und bestimmte Zusätze zusammen liefern ausreichend Vitamine und Mineralstoffe.

Die Ernährung mit Fertignahrung ist artgerecht für Katzen, die nicht mehr ausschließlich im Freien auf Beutesuche gehen. In diesem Futter sind die notwendigen Nährstoffe und Vitamine enthalten.

Im englischen Forschungszentrum Waltham wurden Generationen von Katzen untersucht, die man nur mit Fertignahrung gefüttert hat. Das Ergebnis: Sie sind munterer, gesünder, robuster, seltener krank als ihre Artgenossen, die mit vom Menschen zubereitetem oder selbst erjagtem Futter leben müssen. Und sie leben länger. Die Lebenserwartung von Hauskatzen in Deutschland, die Dosenfutter fressen, hat sich dadurch um 50 % erhöht: Sie können 15 bis 20 Jahre alt werden.

Aber Katzen können auch Gourmets sein. Überliefert ist das Lieblingsmenü von Vaschka, der Katze des russischen Zaren Nikolaus: in Champagner schwimmender Belugakaviar mit fein gehackter französischer Haselmaus, Sahne, aufgeschäumten Schnepfeneiern und wenigen Tropfen Hasenblut.

Inhalts- und Zusatzstoffe von fertiger Katzennahrung sind u. a.: Ballaststoffe für die Verdauung, Mineralstoffe für die Knochen, Zink und Jod für glänzendes Fell, Vitamine für die Augen. Bei älteren Katzen sollte man darauf achten, dass die Nahrung nicht zu eiweißreich ist.

Das war Anfang dieses Jahrhunderts. Doch auch das, was Katzen heute angeblich kaufen würden, klingt wie ein Gourmetmenü: Fleischtöpfchen mit drei Geflügelsorten, zarter Lachs in delikater Sauce oder Wildragout mit Erbsen und Möhren.

Katzen naschen gern, und deshalb finden sie auch das Essen des Menschen – egal ob Pizza mit fetter Salami und Oliven oder ein Happen vom Eisbein – viel interessanter und leckerer als ihr Fertigfutter. Und der Mensch lässt sich von ihren hartnäckigen Betteleien nicht selten erweichen.

# *Von* **Frauen** *und Katzen*

„Aber ohne euch – keine Haare auf den Polstern, keine Tierarztfahrten, keine unbequemen Nächte und überhaupt ... ohne euch ... kein Schnurren, keine Anmut, kein zartes Maunzen, wenn ich nach Hause komme, kein Reiben an meinem Bein, kein Zusammenrollen auf meinem Schoß ... ohne euch – unvorstellbar!“, seufzt Schriftstellerin und Katzenfreundin Elke Heidenreich. Frauen und Katzen, das war schon immer eine besonders innige Beziehung. Die schöne ägyptische Königin Kleopatra liebte ihre Katze Isis über alles und wurde selbst wegen ihrer geheimnisvollen Katzenaugen gerühmt.

Seit je verkörpert die Katze das Prinzip des Weiblichen, sie gilt als Inbegriff weiblicher Erotik und Fruchtbarkeit: in der ägyptischen Katzengöttin Bastet, der nordischen Göttin Freya, aber auch in Verbindung mit den im Mittelalter als Hexen verfolgten Frauen. Ihr geschmeidiger Körper, ihre graziösen Bewegungen, ihre genießerische Sinnlichkeit, ihre Sensibilität, ihr Bedürfnis nach körperlicher Nähe – all das sind Eigenschaften, die an Katzen geliebt werden.

Die österreichische Psychologin Helene Karmasin hat in einer Studie über Frauen und Katzen herausgefunden, dass „die Merkmale, die man Katzen zuschreibt, eins zu eins der heutigen Idee von Weiblichkeit entsprechen“. Das bezieht sich auf das Schönheitsideal der großen Augen, der kleinen Nase ebenso wie auf die Charaktereigenschaften: „Katzen sind völlig unabhängige und eigenständige Wesen mit einer ausgeprägten Individualität und Selbstständigkeit. Sie machen etwas, weil sie es wollen, nicht weil

Und ewig lockt die Katze – knapp 4000 Kinder zwischen acht und 16 Jahren wurden gefragt, was für ein Tier sie gern wären. 18 % der Mädchen entschieden sich für die Katze, bei den Jungen waren es nur 7 %.

„Wenn ich vor meiner Katze sterbe, soll meine Asche in ihr Futter gemischt werden – damit ich in ihr weiterlebe.“
*Drew Barrymore, amerikanische Schauspielerin*

„Frauen sind wie Katzen: Beide kann man nur zwingen, das zu tun, was sie selber mögen.“
*Colette (1873–1954), französische Schriftstellerin*

„Katzen und Frauen sind seelenverwandte Wesen. Beide haben ein großes Zärtlichkeitsbedürfnis, wollen sanft erobert werden und suchen sich sehr genau aus, wem, wann und wie lange sie ihre Zuneigung schenken."
*Kathia Berger, Malerin naiver Katzenbilder*

dies jemand von ihnen will." Und hier treffen sie eine „zentrale Wunschvorstellung von Frauen, die die Realität meist verwehrt", stellt die Psychologin fest und nennt Katzen und Frauen „seelenverwandt".

„Frauen akzeptieren diese Selbstständigkeit und Individualität" der Katzen, meint der Sozialforscher Reinhold Bergler, weil „Frauen in den seltensten Fällen ein Lebewesen, das sie lieben, beherrschen wollen". Eine Einstellung, die Frauen schmeichelt! Aber ob sie sich immer mit der Lebenserfahrung verträgt?

Der französische Dichter Paul Verlaine fing vor etwa hundert Jahren das geheimnisvolle Verhältnis von Frauen und Katzen in einem ebensolchen Gedicht ein:

Weißes Händchen und weißes Tätzchen,
Und beides von keinem die Krallen zeigt –
Reizendes Weib und reizendes Kätzchen,
Necken sich, wenn der Tag sich neigt.

Frauen und Katzen – für Männer eben doch rätselhafte Wesen!

1 Die Diva und das Kätzchen: Anita Ekberg im Film „Das süße Leben" (1959)

2 Colette, die französische Schriftstellerin, mit ihren Kartäuserkatzen (um 1925)

## Geschichten – *rekordverdächtig*

Im Dienst Seiner Majestät von Großbritannien wurden im Ersten Weltkrieg Katzen eingesetzt. Sie sollten zum Schutz der Soldaten im Schützengraben mit ihren hervorragenden Nasen gefährliche Gase aufspüren.

Sie sind geachtete Mäusejäger wie Bobby, der rote Kater, unterwegs auf dem Bahnsteig 10 des Londoner Bahnhofs King's Cross, oder die „goldenen Katzen", die in japanischen Bibliotheken bereits im 6. Jahrhundert als Wächter der heiligen Schriften vor den Ratten verehrt wurden.

Die Straßen- und Stubentiger sind auch immer wieder gut für ungewöhnliche Geschichten und Geschichtchen. So scheinen sie eine Vorliebe für abenteuerliche Ausflüge zu haben. In einem Korb als Handgepäck mag das ja noch angehen. Doch eine Katze flog drei Tage in der Klimaanlage eines Flugzeugs von Chicago über Zürich nach Monrovia und zurück, bis sie erlöst wurde. Ein anderes Katzentier hatte sich im Hafen von Detroit in einer Frachtkiste verkrochen. Als man diese nach 41 Tagen öffnete, fand man dort fünf Katzen. Der blinde Passagier hatte inzwischen Junge bekommen. Rätselhaft blieb, was die Katzen während der Reise gefressen hatten.

Obwohl sie täglich artistische Glanzleistungen vollbringen, verabscheuen Katzen das Turnen auf Kommando. Deshalb sind Katzen im Zirkus (Gott sei Dank) selten. Berühmt wurde der russische Clown Juri Kuklatschow mit seinem Kätzchen Strelka durch eine Nummer, für die sich seine Tier-Partnerin sogar in ein Kostüm zwängen ließ.

Bereits Anfang dieses Jahrhunderts sorgte der „sprechende" Zirkuskater Peter Alupka aus Hamburg europaweit für Aufregung, den er konnte singen. Und jedermann wollte von ihm immer wieder die Lieder „O Tannenbaum" und „Ja, das haben die Mädchen so gern" hören.

1

2

**1** Skurrile Laune der Natur: Ein Auge ist hellblau, das andere orangefarben.

**2** Die als dickste Hauskatze bekannt gewordene brachte ein Gewicht von 21,3 kg auf die Waage.

Den Preis für den ungewöhnlichsten Namen hätte wohl „Zimmer Acht“ bekommen, ein grau-weiß getigerter Kater, der 15 Jahre lang Maskottchen des Klassenraums Nr. 8 der Elysian-Heights-Grundschule in den USA war und zur berühmtesten Schulkatze avancierte. Er musste im Fernsehen auftreten, es erschien ein Kinderbuch über ihn, und er bekam über 10 000 Fanbriefe. Als Zimmer Acht 1968 starb, druckte die „Los Angeles Times“ sogar einen Nachruf auf den Kater.

Natürlich sind auch im Guinness-Buch kätzische Rekorde verzeichnet: Die kleinste Katze mit nur 7 cm Höhe und 19 cm Länge ist der blau gezeichnete Himalaja-Perserkater Tinker Toy aus Taylorville, Illinois. Die schwerste Hauskatze war der kastrierte Kater Himmy von Thomas Vyse aus Queensland. Als er im Alter von zehn Jahren und vier Monaten an Atemstillstand starb, wog er 21,3 kg. Er musste schon zu Lebzeiten in einer Schubkarre gefahren werden. Für die teuerste Katze zahlte 1987 ein amerikanischer Filmstar umgerechnet 43 000 Mark – er wollte allerdings anonym bleiben.

## **Gesellschaft ja –** *aber mit Distanz*

Um alles, was zu viel Lärm macht, schlagen die meisten Katzen einen riesengroßen Bogen. Bei hämmernden Rhythmen oder lautem, schrillem Gekreische verdrücken sie sich schleunigst in das nächstliegende Versteck, wo sie ihre Ruhe haben.

Trotzdem sind sie überall gern dabei, beobachten neugierig, was vor sich geht. Auch gegen Besuch haben sie nichts, aber nicht jeden Besucher mögen sie. Und sie registrieren bei ihm jeden Fehler.

Beliebt macht man sich bei fremden Katzen durch Zurückhaltung; denn Katzen gehen lieber erst einmal auf Distanz, warten ab und beobachten aus sicherer Entfernung, was vor sich geht. Also nicht beleidigt sein, wenn die Katze des Gastgebers einem nicht gleich zur Begrüßung freudig entgegengelaufen kommt, sondern sich erst einmal zurückzieht. Katzen sind keine Hunde, die jeden Besucher aufgeregt mit dem Schwanz wedelnd begrüßen.

Das Gehör der Katzen ist viel empfindlicher als das des Menschen. Deshalb ergreifen Katzen auch vor lauter Musik und Geschrei die Flucht. Ebenso sensibel reagieren sie auf hohe Töne und schrille Stimmen.

1 Katzen sind neugierig, auch auf fremde Menschen. Doch Freundschaft schließen sie nicht so schnell.

2 Als Gast in einem Haushalt mit Katzen darf man sich an ramponierten Vorhängen oder Möbeln nicht stören.

1

2

Keinerlei Eindruck wird man auf eine fremde Katze durch Schimpfen und Verbote machen. Wenn sie herumtobt und dem Besucher zeigen will, was sie alles kann: Gewähren lassen! Erziehungsmaßnahmen sind in einem solchen Fall ausgesprochen fehl am Platz. Weniger bei der Katze – der ist es egal – als bei ihrem Besitzer eckt der Besucher mit Kritik an. Wenn die Tapeten zerkratzt sind, das Ledersofa ramponiert ist, kurz überall in der Wohnung Spuren des Hausgenossen zu entdecken sind – den Katzenmenschen stört das alles weniger als der Tadel an seinem geliebten Tier.

Verwirrend, aber wahr: Ein Mensch, der mit Katzen nichts anfangen kann, den nimmt das Tier aufs Korn und springt auf seinen Schoß. Dieses Verhalten erklärt sich so: Der Fremde starrt sie nicht an. Er widmet ihr keine besondere Aufmerksamkeit oder zerrt sie nicht auf seinen Schoß. All das würden Katzenfreunde eher tun. Diese betonte Aufmerksamkeit ist dem Tier unangenehm. Also wählt die Katze den Menschen, bei dem sie spürt, dass er kein Aufhebens um sie macht. Auf seinem Schoß hat sie nämlich wirklich ihre Ruhe.

1

# **Gymnastik** *der anderen Art*

Der Körper der Katze ist ein kleines und überaus bewegliches Wunderwerk der Überlebenskunst. Dehnen, Recken und Strecken – nicht erschrecken: Katzen werden bei diesen Bewegungsabläufen oft doppelt so lang, wie sie sonst sind.

Genauso gut kann die Katze sich aber auch ganz dünn oder klein machen, um in einer engen Schublade zu verschwinden. Oder sie liegt total entspannt und hingegossen in einer Ecke und döst, um dann Minuten später stolz und majestätisch die Treppe hinunterzuschreiten.

Die große Beweglichkeit ihrer Wirbelsäule ermöglicht es der Katze ebenso leicht, einen Buckel zu machen wie als Kugel zusammengerollt stundenlang zu schlafen. Zwischendurch dehnt sie sich bis in die Krallenspitzen und ist wieder fit.

Natürlich kann der Mensch sich nicht so bewegen, wie die Katze es ihm zeigt. Dennoch kann er ihr vieles abschauen, und sein Rücken wird es ihm ganz bestimmt nicht krumm nehmen, eher im Gegenteil! Versuchen Sie es mal mit einer Gymnastik der etwas anderen Art. Das entlastet Ihre Wirbelsäule, lockert die Gelenke, und es macht auch Sie beweglicher.

1. Katzbuckeln – die Katze macht es mit Genuss. Gehen Sie dazu auf die Knie und legen Sie die Hände flach vor sich auf den Boden. Ziehen Sie den Bauch ein und machen Sie einen runden Rücken. Bleiben Sie in dieser Position einige Sekunden. Anschließend wieder entspannen.

2. Stretching – das macht die Katze nach jedem Nickerchen. Gehen Sie auf alle viere. Stützen Sie sich mit dem rechten Knie und der linken Hand auf dem Boden ab. Strecken Sie nun den rechten Arm gerade nach vorn, das linke Bein nach hinten aus. Wechseln Sie mehrmals die Seiten.

Sie werden spüren, wie sich bei dieser Übung Ihre Wirbelsäule in die Länge zieht. Ihre Rücken-

1 Sitzakrobatik: eine Katze, die sich putzt

2 Genussvolles Strecken von den Krallen bis in die Schwanzspitze – so mags die Katz!

3 Klettermaxe Devon Rex in Aktion

2

3

und Nackenmuskulatur lockert sich allmählich, und Sie fühlen sich völlig entspannt.

3. Recken und Strecken – so rosten die Gelenke nicht ein. Legen Sie sich lang ausgestreckt auf den Rücken und dehnen Sie dann Ihren Körper bis in die Finger und Fußspitzen aus. Danach strecken Sie gegenläufig das rechte Bein und den linken Arm. Halten Sie die Dehnung für mindestens 30 Sekunden und wechseln dann die Seiten.

4. Schlafstellung – die Katze rollt sich dazu wie eine Kugel zusammen, bleibt aber völlig entspannt. Für den Menschen ist diese Übung ideal, um Stress abzubauen. Setzen Sie sich auf die Unterschenkel, oder legen Sie sich auf die Seite. Versuchen Sie, Arme und Beine so zu entspannen, dass Sie sie nicht mehr spüren. In dieser Haltung verharren Sie mindestens zwei Minuten und atmen bewusst tief ein und aus.

Wenn Sie Ihre Katze genau beobachten, können Sie ihr ganz sicher noch andere Bewegungsabläufe abschauen, die auch Ihnen gut tun.

# *Von* **Hexen** *und Katzen*

Eine Hexe und eine Katze gehören zusammen wie Hänsel und Gretel. Das Gute siegt, die böse Hexe kommt in den Ofen: Hexenverbrennung im Märchen.

Die Realität war viel grausamer. Eines der dunkelsten Kapitel der Geschichte im Europa des späten Mittelalters war die Zeit, in der Frauen als Hexen und Katzen als Hexentiere verbrannt wurden. Historiker glauben, dass zwischen 1550 und 1750 mindestens 200 000, vielleicht sogar zwei bis drei Millionen Frauen und mit ihnen noch mehr schwarze „Hexenkatzen" auf dem Scheiterhaufen qualvoll ums Leben kamen.

„Der Atem, der aus ihrem Halse geht, ist Pest; und wenn sie Wasser trinkt, und eine Träne fällt aus ihrem Auge, so ist die Quelle verdorben. Jeder, der fortan aus ihr trinkt, erfährt den gewissen Tod", so beschrieb Berthold von Regensburg, der größte deutsche Volksprediger, um 1240 die Katzen.

Alte und weise Frauen, Kräuterweiblein und Hebammen, die damals außerhalb der Gesellschaft

1

2

**1–2** Katzen wurden im Mittelalter als Teufelsbrut verfolgt. Als Symbol für ihre Bösartigkeit galt der Katzenbuckel.

**3** Hexen und Kräuterweiblein wurden gern in der Begleitung von Katzen dargestellt.

3

standen, wurden meistens der schwarzen Magie und Hexerei verdächtigt und oft mit dem Tod bestraft. Der Besitz einer Katze verstärkte noch den Verdacht.

In der mittelalterlichen Prozessanweisung, dem ···> **Hexenhammer** (Malleus maleficarum), heißt es: „Die Hebammen bereiten den größten Schaden, wie reuige Hexen uns oft gestanden." Unter den unmenschlichen Folterungen der Inquisition sagten denn auch Hebammen aus, dass ihr Geist den Körper verlassen und in den einer schwarzen Katze fahren könne, um sich mit dem Teufel zu verbinden.

···> **Hexenhammer**
In diesem klassischen „Handbuch der Hexenlehre" von 1487, verfasst von den Dominkanerpatres Jakob Sprenger und Heinrich Institoris, wurde das Hexenwesen beschrieben und Ratschläge zu dessen Bekämpfung erteilt. Diese Hetzschrift zog in Deutschland eine Welle von Hexenprozessen nach sich.

Nicht nur die einfachen Menschen im Volk glaubten an derartige Geschichten. Als Elisabeth I. von England 1558 gekrönt wurde, soll sie befohlen haben, einen Korb voll schreiender Katzen „als Warnung für die Unterwelt" zu verbrennen.

„Hexen kann man am Katzengeruch erkennen", wurde in einem Graubündener Hexenprozess im Jahr 1655 zu Protokoll genommen. In solchen Prozessen musste die Katze als Personifikation des Bösen neben ihrer Herrin auf der Anklagebank sitzen. Beide endeten auf dem Scheiterhaufen.

1618 wurden zwei Frauen in England zum Tod verurteilt, weil sie eine Katze mit einem Taschentuch verscheucht hatten. Man warf ihnen vor, sie hätten sich durch magische Zeichen mit der Katze verständigt und dadurch den Tod der Kinder des Earl of Rutland verschuldet.

Vom Hexenwahn blieben sogar Kinder nicht verschont. In der schwedischen Stadt Mora wurde 1699 über 300 Kindern der Prozess gemacht, weil sie ihre Katzen angeblich dazu abgerichtet hatten, „für den Teufel Essen zu stehlen". Fünfzehn der Kinder wurden damals zum Tod verurteilt.

Trotz großer gesellschaftlicher Veränderungen durch die industrielle Revolution beherrschten Katzenverfolgung und Hexenwahn die Menschen noch bis zum Ende des 18. Jahrhunderts.

1

# **Hinterhalt** – *ohne Hinterlist*

Heute ist es der nackte Fuß, morgen vielleicht das Hosenbein: Wie ein geölter Blitz schießt die Katze aus dem Hinterhalt darauf zu und „erlegt" ihre Beute, versucht, sie mit den Pfoten zu schubsen, zu werfen, wird sauer, wenn der zum Fuß gehörende Mensch genug von der unsanften Behandlung hat, genug von Kratzern und Blessuren. Nach diesem Energieschub ist erstmal Pause, Zeit für ein Nickerchen. Hat die Katze eine Macke und greift sie jetzt ihren Menschen an oder ist das Verhalten normal?

Eigentlich haben es Wohnungskatzen gut: Futter, Pflege, Streicheleinheiten – alles wird ihnen frei Haus geliefert, ohne dass sie sich anstrengen müssten, ohne eigenen Einsatz. Für einen geborenen Räuber ist das allerdings auch ganz schön langweilig. Das heißt keine Jagdgänge, keine Raufereien, keine Streifzüge – und auch keine Liebesaffären. Also alles, was Abwechslung ins Leben einer Katze bringt, findet außerhalb der vier Wände statt, ohne sie. Da muss die Katze sich schon was einfallen lassen, um sich die Langeweile zu vertreiben. Wenn sie nämlich den ihr eigenen Jagdtrieb nicht ausleben kann, kommt sie auf die verrücktesten Ideen.

Der Beutefang der Katzen ist ein so genanntes Stauungsspiel. Der Verhaltensforscher und Katzenexperte Paul Leyhausen hat festgestellt, dass bei diesem Spiel die verschiedenen Phasen der Jagd wie das Verstecken, Lauern, Anschleichen, Verfolgen, Anspringen und das Spielen mit der Beute vorkommen. Allerdings in wechselnder Reihenfolge und mit unterschiedlicher Intensität – je nachdem, welcher Drang im entsprechenden Augenblick am

Natürlich gibt es im Katzenladen das tollste Spielzeug für den Liebling zu kaufen. Es ist jedoch fraglich, ob die Katze so viel Luxus zu würdigen weiß. Mit Watte gefüllte Stofffiguren, eventuell mit Glöckchen oder Federn dekoriert, sind leicht selbst gemacht. Kartons oder Körbe zum Verstecken, Äste zum Bearbeiten oder Papier zum Zerfetzen sind ebenfalls als Spielzeug geeignet.

1 Erfolgreicher Jäger: Abessinierkatze

2 Auch das Verstecken gehört zum Jagdspiel.

3 Beim Anschleichen an eine imaginäre Beute lebt auch die Wohnungskatze ihren Jagdtrieb aus.

2

3

stärksten ist. Das kann ebenso der Tanz mit der Maus sein wie auch mal die Lust am Raufen mit einem Rivalen.

Hauskatzen brauchen also reichlich Gelegenheit, sich auszutoben und ihre Instinkte auszuleben, damit sie nicht tatsächlich eine „Macke“ bekommen. Deshalb schaffen ihnen fürsorgliche Menschen mit einfachen Mitteln Verstecke zum Lauern: Teppichfalten, aus denen sie mit der Pfote einen Mausersatz fischen können, Spielzeug zum Werfen, Schubsen, Kullern, Beißen. Vor allem brauchen sie regelmäßig einen Spielpartner, der sie mit Raschelpapier oder Gummibällchen oder einer Wollmaus am Faden so richtig außer Atem bringt.

Katzen, die im Freien jagen, werden oft bis an ihre Grenzen gefordert, und darauf ist ihr ganzer Körper auch eingerichtet. Damit Wohnungskatzen ausgeglichen und gesund bleiben, sollte man für sie ein spielerisches Fitnessprogramm zum Muss machen. Dem menschlichen Gefährten tut ein solches Training übrigens gleichermaßen gut.

Katzen können beim Toben vor Übermut Grenzen verletzen: Mit einem lauten „Au!“ und dem Abbruch des Spiels zeigt ihr der Mensch, was er nicht mag. Wenn man ihr aus kurzem Abstand leicht ins Gesicht bläst, versteht das die Katze sofort, weil das dem Fauchen eines Rivalen entspricht.

# Homöopathie *für Katzen*

Einige Tierärzte bieten eine Behandlung nach Naturheilverfahren an. Man darf sich in Deutschland Tierheilpraktiker nennen, ohne eine spezielle Prüfung abgelegt zu haben. Man sollte deshalb Referenzen einholen, bevor man mit seiner Katze zu einem Tierheilpraktiker geht.

Der Trend zu den verschiedenen Naturheilverfahren in der Humanmedizin hat inzwischen ebenfalls in der Tiermedizin Einzug gehalten. Die sanfteren Methoden dieser Heilkunde zeigen bei bestimmten Erkrankungen erstaunliche Behandlungserfolge – auch bei den äußerst sensiblen Katzen.

Das Geheimnis der Naturheilkunde beruht auf einer anderen Sicht des Erkrankten. Während man in der Schulmedizin die Symptome einer Krankheit betrachtet, etwa den Schnupfen oder den Durchfall, sieht man bei den alternativen Heilverfahren den Menschen bzw. das Tier als ganzes Wesen. Danach wertet man die Krankheitszeichen als Folge eines gestörten Gleichgewichts im komplexen Wechselspiel von Hormonen, Nervensystem und Stoffwechsel. Mit diesem Verfahren will man den Körper anregen, sich selbst zu helfen, seine Abwehrkräfte sollen wieder aufgebaut und gestärkt werden, ohne dabei den Organismus mit unerwünschten Nebenwirkungen zusätzlich zu belasten.

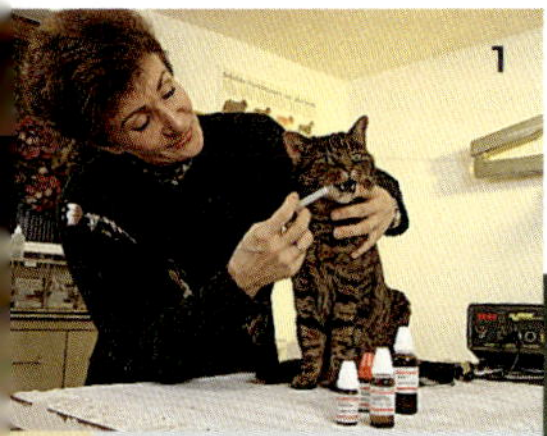

1 Viele Tierärzte behandeln inzwischen ihre Patienten auf Naturheilbasis.

2 „Sanfte" Verfahren wie die Homöopathie können auch Katzen wirksam helfen.

Besonders bewährt hat sich dieses Heilverfahren bei Krankheiten, die durch Bewegungsmangel entstehen, bei Allergien unterschiedlichster Ursachen, bei Stress, chronischen Erkrankungen und bei allen Störungen, die seelische Ursachen haben. Und das ist bei der Katze nicht anders als beim Menschen.

**Bach-Blütentherapie** Benannt nach dem walisischen Arzt Edward Bach (1886–1936). Bei dieser Therapie werden 38 festgelegte Essenzen aus Blütenmitteln zur Behandlung von bestimmten Seelenzuständen eingesetzt.

Dabei ist es jedoch selbstverständlich, dass ein gebrochener Knochen, eine klaffende Wunde, ein wuchernder Tumor oder ein eiternder Zahn nach wie vor fachgerecht schulmedizinisch versorgt werden müssen. Doch auch in diesen Fällen können geeignete Naturheilmittel dem Tier zusätzlich helfen. Etwa dabei, den Schock zu überwinden und schneller mit dem Schaden fertig zu werden.

Weil Katzen eigenwillige Patienten sind, werden bei ihnen in der Praxis vor allem homöopathische Methoden sowie die **Bach-Blütentherapie** eingesetzt. In der Homöopathie, bei der ein gezielter Reiz den Heilungsprozess im Körper einleitet, gibt es inzwischen auch Komplexmittel, die sich bei verschiedenen Erkrankungen – etwa einem Husten – auch zur Selbstbehandlung bewährt haben. Die Bach-Blüten wirken in erster Linie auf die Seele. Aber auch bei Verhaltensauffälligkeiten sowie in Stresssituationen lassen sich diese hoch verdünnten Blütenessenzen ausgezeichnet einsetzen. Manche Störungen der Befindlichkeiten seines Hausgenossen kann man mit etwas Erfahrung selbst behandeln. Vor allem wenn die Katze immer wieder unter dem gleichen Wehwehchen leidet, wird man nicht jedes Mal den Arzt zurate ziehen. Das erspart dem Menschen unnötige Ausgaben – und der Katze überflüssigen Stress.

Notfalltropfen (Rescue) sind eine Mischung aus fünf Bach-Blüten (Cherry Plum, Clematis, Impatiens, Rock Rose, Star of Bethlehem). Sie helfen nicht nur dem Menschen, sondern auch der Katze, beispielsweise nach einem Unfall, bei Schock, Verwundung oder Panik. Sie mildern Schmerzen nach einem Eingriff.

# **Hund** *und Katze – geht das gut?*

Wie die Katze drückt auch der Hund mit seiner Körper- und Schwanzhaltung Gefühle aus. Nur bedeutet bei ihm Schwanzwedeln Freude, bei der Katze dagegen zeigt es, dass sie aufgebracht ist.

Hund und Katze gemeinsam in einem Haushalt? Es gibt genügend Beispiele für ein harmonisches Zusammenleben dieser Tierarten. Es ist aber am besten, die Tiere aufzunehmen, wenn sie beide noch sehr jung sind.

Wenn zwei Menschen „wie Hund und Katz" miteinander umgehen, kann nichts Gutes dabei herauskommen. Ständig liegt Streit in der Luft! Dabei geht es auch anders, wie unser Beispiel einer Gemeinschaft von Hund und Katze zeigt: Es handelt sich um einen Spitz und eine grau getigerte Hauskatze, und diese beiden sind ein Herz und eine Seele. Entdeckt die Katze auf dem Küchentisch etwas Wurst oder Käse, springt sie hoch und schubst dann von oben mit der Pfote auch ein paar Brocken zum Spitz runter. Er sitzt dort und wartet darauf, denn er kann nicht hochspringen.

Wir sehen, wie liebevoll und kumpelhaft diese beiden eigentlich so gegensätzlichen Tiere miteinander leben und wie gut sie sich vertragen können. „Man kann Hund und Katze bestens aneinander gewöhnen, und es gibt da sehr freundschaftliche und zärtliche Beziehungen", meint der Katzenforscher Dennis C. Turner von der Universität Zürich. Und er erklärt auch gleich, wie das möglich werden kann: „Nur müssen sie einander verstehen lernen, denn sie sprechen eine unterschiedliche Sprache."

Und das ist der Punkt. Hund und Katze sind zwei Tierarten mit zwei unterschiedlichen Körpersprachen, die fast niemals dasselbe bedeuten. Wedelt die Katze mit dem Schwanz, signalisiert sie damit, dass sie erregt ist oder sich ärgert. Wedelt der Hund mit dem Schwanz, ist er dagegen bestens gelaunt und drückt sichtbar seine Freude aus. Diese Unterschiede muss eine Katze im Zusammenleben mit einem Hund erst begreifen lernen. Woher soll sie beispielsweise wissen, dass ein leise knurrender

**1–3** Wenn Hund und Katze zusammen aufwachsen, lernen sie, ihre unterschiedliche Körpersprache zu verstehen – innige Freundschaften können sich entwickeln.

3

Hund – obwohl das für sie eher wie ein behagliches Schnurren klingt – nicht unbedingt gut aufgelegt ist, sondern dass man ihn besser in Ruhe lässt, wenn er solche Geräusche von sich gibt? Hebt der Hund eine Pfote, dann will er damit ausdrücken: Komm, spiel mit mir! Aber wenn das die Katze tut, droht sie ihrem Gegenüber: Es ist besser, du hältst dich von mir fern! Haben Hund und Katze jedoch gelernt, die jeweils andere Körpersprache zu deuten, verstehen sie sich meist sehr gut. Will man beide zusammen halten, nimmt man sie idealerweise als junge Tiere zu sich. Geschieht dies später, ist es empfehlenswert, eine Katze zu einem Hund zu nehmen, nicht umgekehrt, und dann beide behutsam aneinander zu gewöhnen.

# Jagdfieber – *ohne Schonzeit*

Verhaltensforscher haben festgestellt, dass es auf den Jagdtrieb der Hauskatze keinerlei Einfluss hat, wie gut sie gefüttert wird. Satte Tiere fangen nicht weniger Mäuse als hungrige.

Wenn die erste Maus auf der Fußmatte liegt, kommt für manchen frisch gebackenen Katzenbesitzer das Erwachen: Sein anschmiegsames Schnurrekätzchen hat sich als Raubtier entpuppt. Mäuse, Ratten, auch Kaninchen, gelegentlich Vögel werden zur Beute des geschickten Jägers. Wie die Mutter ihren Jungen legt die Katze ihrem Menschen die Beute zu Füßen. Da hilft nur Lob und dann das Opfer schnell entsorgen. Denn wenn Sie Ihr Tier entsetzt ausschimpfen, versteht die Katze die Welt nicht mehr.

Auch die schmusigste Katze ist und bleibt im Innersten Raubtier, das müssen Menschen wissen, die sich einen Haustiger zulegen. Ihr Körper ist für die Jagd wie geschaffen: geschmeidig und schnell, mit scharfen Sichelkrallen zum Kämpfen, Klettern und Festhalten, mit dem Gebiss eines Fleischfressers, langen Eckzähnen zum Töten der Beute. Und die Sinnesorgane: Ohren, die fiepende Mäuse hören; Augen, die im Dämmerlicht sehen und Entfernungen perfekt abschätzen können; Schnurrhaare, die als hochkomplizierter Tastsinn wirken.

Drei Katzen auf Mäusejagd:
1 Sicherung der Beute
2 Grausam scheinendes Spiel mit der Maus
3 Manchmal entkommt das Beutetier noch im letzten Moment.

Dass Katzen auch Singvögel jagen, können viele Menschen nicht tolerieren, und es macht Katzen- und Vogelfreunde zu oft unerbittlichen Gegnern. In zahlreichen Studien wurde allerdings gezeigt, dass die Katze bei gesunden Vögeln keine Chance hat – diese sind einfach schneller.

Und dann ist da noch der ihr angeborene Jagdinstinkt: Eine Maus, die sich still in eine Ecke duckt, wird von der Katze leicht übersehen. Aber verdächtige Geräusche oder eine schnelle Bewegung (das kann ein Tennisball oder auch ein Nager sein) entfachen sofort ihren Jagdeifer. Was dann folgt, braucht keine Katze zu lernen. Allerdings macht auch dabei viel Übung den Meister.

Dicht am Boden Deckung suchend, schleicht sich die Katze bis auf wenige Meter an ihr Opfer heran. Regungslos beobachtet sie, den Kopf vorgereckt, die Beine angewinkelt, die Ohren nach vorn gestellt, und wartet auf einen günstigen Moment. Die Hinterbeine tänzeln, wie bei einem Sprinter in den Startlöchern. Nur die zuckende Schwanzspitze verrät ihre Anspannung. Dann schießt die Jägerin plötzlich mit einem einzigen Satz oder in mehreren Sprüngen auf ihr Opfer zu, in der Absicht, es mit dem ersten Biss in den Nacken zu töten. Gelingt ihr das nicht sofort, etwa bei einer großen Ratte, dann zieht sie sich schon mal zurück – aus Respekt vor den scharfen Zähnen des Gegners.

Mäuse sind das ideale Futter für Katzen, jedenfalls, was die Zusammensetzung der Nährstoffe anbelangt. Allerdings müsste die Jägerin täglich mindestens zwölf davon vertilgen, um einigermaßen satt zu werden.

Häufig spielt die Katze erst mit ihrer Beute – egal ob sie tot ist oder noch lebt. Sie wirft sie in die Luft, schubst sie hin und her und tanzt geradezu einen Totentanz. Was uns Menschen grausam erscheint, ist für die Katze eine Möglichkeit, die bei der Jagd aufgestauten Spannungen loszuwerden. Ein so genanntes Erleichterungsspiel, wie es Paul Leyhausen nennt – manchmal reicht auch ein kleiner Spaziergang. Erst wenn sich das Gemüt der Jägerin etwas beruhigt hat, wird die Beute verspeist.

# Japanische Katzen

1

Es ist überliefert, dass Katzen im 6. Jh. mit dem Schiff von China nach Japan gelangten. Dort sollten sie Ratten und Mäuse jagen, um wertvolle alte Handschriften vor der Zerstörung zu bewahren.

In Tokio lebt man auf engstem Raum zusammen. Die Züge fahren als Hochbahnen über der Erde und sie verkehren unterirdisch – zwölf Millionen Japaner und mindestens genauso viele japanische Katzen brauchen jeden Quadratzentimeter Fläche.

Dennoch bleibt ein kleiner Tempel, noch heute den Katzen geweiht, seit Jahrhunderten unangetastet: Go-Tu-Ku-Ji heißt die heilige Stätte. Hier residiert Maneki-Neko, ein Kätzchen, das seine Pfote anmutig zum Gruß erhoben hält. Eine Aura positiver Magie umgibt die Statue, und die Menschen strömen herbei, um von ihr Hilfe und Segen zu erbitten.

Wo Gutes ist, ist auch das Böse nicht weit: der Katzendämon Neko-Bake. Kleinen Kindern wird erzählt, dass er sich in Gestalt eines großen, dicken Katers in die Häuser schleiche und ungezogene Kinder raube, um sie zu verspeisen.

Im 6. Jahrhundert tauchten in Japan die ersten Katzen auf – sie kamen wohl aus China. Die Tiere führten ein wahrhaft kaiserliches Leben, und sie wurden als seltene Kostbarkeiten hoch geschätzt.

Im Jahr 999 fand Kaiser Ichijo in seinem Palast in Kioto fünf junge Kätzchen. Weil an diesem Tag ein heiliges Fest gefeiert wurde, garantierte das den kleinen Katzen und allen ihnen folgenden Genera-

Seit Jahrhunderten ist man in Japan von Katzen fasziniert. Mit der größtmöglichen Reduktion erfassen die Japaner in ihren sensiblen Tuschzeichnungen meisterlich das Wesentliche der Geschöpfe.

1 Nippes aus Nippon

2 Japanese Bobtail – Stummelschwanzkatze in Rot-Weiß. Bei dieser Rasse kommen alle Farbkombinationen vor.

3 Dreifarbige schwanzlose japanische Mi-Ke-Katze

2

3

tionen eine nahezu uneingeschränkte Verehrung. Sie ging so weit, dass der Kaiser die Katzen vom Jagen befreite, obwohl den Seidenraupenkulturen eine Mäuseplage drohte. Man ersetzte die Mäusejäger zwar durch naturgetreu nachgebildete Statuen, aber die Mäuse ließen sich nicht täuschen.

Früher stickten japanische Mütter auf die ersten Stoffschühchen ihrer Kinder Katzengesichter. Beim Laufenlernen sollten sie ihnen den sicheren Gang der Katzen verleihen.

Wie sehr die Japaner schon immer von Katzen fasziniert waren, beweisen zahlreiche Märchen, Epen und Verse, Geschichten und Legenden. Eine erzählt von einem Liebespaar, das nicht zusammen sein durfte. Als die beiden in ein Katzenpaar verwandelt wurden, konnten sie für immer miteinander leben.

Noch heute sind Katzen bei den Japanern sehr beliebt. Man findet sie als Motive auf vielerlei Produkten, als Poster und Porzellanfiguren, oder sie treten als Hauptfiguren in Fotoromanen auf. In den Haushalten, in denen sie leben, geht es ihnen so gut, dass sicher mancher Mensch mit ihnen tauschen würde.

# **Kartäuser** – *die blauen Katzen*

Sie finden immer mehr Liebhaber, die kräftigen, muskulösen Katzen mit dem blau schimmernden, dichten, grauen Fell und den leuchtend gelben oder orange- bis kupferfarbenen Augen.

Von altem französischem Katzenadel kündet der Name: ···› **Chartreuse,** auf Deutsch Kartäuser. So nannte man bereits im 17. Jahrhundert eine bestimmte Sorte blauer Katzen, die im 18. Jahrhundert als eigenständige Rasse anerkannt und schon vom Naturforscher Carl von Linné in seiner Systematik des Pflanzen- und Tierreichs beschrieben wurde.

···› **Chartreuse**
Der Name leitet sich nach Ansicht von Jean Simonnet nicht von den gleichnamigen Mönchen ab, sondern er geht auf eine graue Kartäuserwolle zurück, die früher aus Spanien importiert wurde.

Nach Ansicht des Kartäuser-Experten Jean Simonnet stammten die Ahnen der Tiere aus den felsigen Gebirgen der Türkei und des Iran. Auf Handelsschiffen kamen die Kartäuser am Ende der Kreuzzüge vom Mittleren Orient nach Frankreich. Die Katzen waren damals nicht nur wegen ihres Aussehens und als gute Mäusejäger beliebt, sondern die Kürschner haben angeblich ihr Fell, halb lang geschnitten und gefärbt, als Otterfell verkauft. Als Hauskatzen überlebten sie in Frankreich in der Gegend um Paris, in der Normandie und auf der Atlantikinsel Belle-Île alle Nachstellungen.

Der Name einer Kartäuserkatze fängt immer mit dem Buchstaben ihres Geburtsjahrs an. Jedem Jahr wird ein Buchstabe in alphabetischer Reihenfolge (außer K, Q, W, X, Y, Z) zugeordnet. Im Jahr 1999 begannen alle Namen mit P.

Die Schwestern Christine und Suzanne Léger entdeckten nach dem Ersten Weltkrieg auf der Belle-Île die schönen Tiere und bauten eine Zucht auf. Ihr Ziel war es, den Typ und die Beschaffenheit des Fells zu vereinheitlichen. Außerdem wollten sie die leuchtenden Gelb- und Orangetöne der Augenfarbe verstärken. Den ersten großen Erfolg errangen die Schwestern 1933 auf einer Katzenausstellung in Paris. Dort wurde ihre Mignonne de Guerveur zur

1 Kennzeichen der Kartäuserkatzen sind das dichte, wollige Fell in Graublau sowie ihr kräftiger Körperbau.

2 Gezüchtet wurden Kartäuser in Frankreich; sie stammen wohl aus dem Orient.

schönsten Katze dieser Schau und zusätzlich noch zum internationalen Champion gekürt.

Zu einiger Verwirrung kam es in den 60er-Jahren, als Züchter Kartäuser mit Katzen der Rasse Britisch Kurzhaar Blau aus Großbritannien kreuzten, um Inzucht zu vermeiden. Die Folge war, dass der Internationale Züchterverband FIFe ab 1970 beide Rassen nach den gleichen Standards bewertete, was wiederum die Verfechter der reinen Rassen auf die Barrikaden rief. Seit 1977 werden sowohl Kartäuser wie Britisch Kurzhaar Blau wieder nach eigenen Standards bewertet und als eigene Rassen geführt.

Die heutige Beliebtheit der Kartäuserkatze in Europa sowie in Amerika hat sicherlich viel mit ihrem Charakter zu tun. Sie ist ruhig, liebt die leisen Töne, hat einen friedfertigen Charakter und ist fast nie zum Raufen aufgelegt. Sie ist zärtlich, aber nicht aufdringlich, sie mag Kinder und hat auch gegen ein Leben in der Wohnung nichts einzuwenden. Kurz gesagt: „Die Kartäuserkatze hat ein Gemüt wie Samt und Seide“, wie es die Züchterin Manuela Thurau auf den Punkt bringt.

Rassemerkmale der Kartäuser: Kater müssen kräftig und robust wirken, weibliche Tiere deutlich kleiner sein. Die Ohren stehen relativ dicht beieinander, die Schnauze ist gut entwickelt. Ihre Augenfarbe: Gelb bis Kupfer, ihr kurzes, sehr dichtes Fell zeigt alle Blaunuancen.

# Katzenhasser

„Ich hatte das Untier mit ins Grab gemauert." So endet die wohl berühmteste Katzenhassergeschichte. Edgar Allan Poe (1809–1849) erzählt in „Der Schwarze Kater" von einem trunksüchtigen Mann, der seine Katze so sehr hasst, dass er sie erschlagen will. Als seine Frau dazwischengeht, tötet er stattdessen sie und mauert sie in die Kellerwand. Als die Polizei erfolglos das Haus durchsucht hat und schon gehen will, ertönt aus der Wand das Gewimmer der Katze. Der Mörder hatte sie, ohne es zu bemerken mit eingemauert, und nun verrät sie ihn.

Bei einer Umfrage in Deutschland gaben etwa 15 % der befragten Erwachsenen zu, dass sie Katzen nicht leiden können.

Dschingis Khan war ebenfalls ein bekannter Katzenhasser. Seine blutigen Eroberungszüge vor etwa 800 Jahren sind Geschichte. Auch soll er in einer Nacht dreizehn Kinder gezeugt haben, und er ließ Heerscharen von Katzen ermorden.

Bei großen Feldherren sind Katzen offenbar unbeliebt. Auch Julius Cäsar und Napoleon konnten sie nicht leiden. Nur einmal in seinem Leben soll der Kaiser gellend um Hilfe gerufen haben. Als die Wache hereinstürzte, deutete er entsetzt unter sein Bett – dort kauerte eine kleine Katze.

„Die Katze ist ein ungetreuer Diener, den man einzig aus der Notwendigkeit hält, ihn einem anderen, noch unbequemeren häuslichen Feind … aufsetzig zu machen. Denn von jenen Leuten wollen wir nicht reden, die bloß zu ihrem Vergnügen Katzen halten: jenes ist Nutzung, dieses Missbrauch."
*Georges Louis Buffon (1707–1788)*

Katzenhasser gibt es aber ebenso unter Wissenschaftlern. Der französische Naturforscher Georges Louis Buffon schreibt in seiner „Naturhistorie" (1740) über die Katze: „Sie ist eine treulose Dienerin, der eine angeborene Bosheit, ein falscher Charakter und ein verstocktes Naturell zu Eigen sind."

Und im „Struwwelpeter" haben Generationen von Kindern erfahren: „Der Friederich, der Friederich, das ist ein arger Wüterich … er schlug die Stühl' und Vögel tot, die Katzen litten große Not …"

1 Katzenfeind Dschingis Khan auf dem Thron (persische Buchmalerei, 14. Jh.)

2 Das Fauchen von Katzen stand für ihre Bösartigkeit.

3 Der Wüterich Friederich im „Struwwelpeter" von Heinrich Hoffmann

1

2

3

„Zeigt eine zahme Katze Lust zum Verwildern, so schneide ihr die Ohren ab. Die Regentropfen fallen ihr dann in die Ohren, sie kann es im Wald nicht mehr aushalten und wird wieder zahm." Dieser Ratschlag von *Konrad von Megenberg (1309–1374)* ist wahrlich kein Zeichen von großer Katzenliebe.

Doch gibt es auch bekehrte Katzenhasser. Charles Dickens, der Schöpfer des „Oliver Twist", wurde zum Katzenfreund. Eine Katze trug ihre Neugeborenen in das Arbeitszimmer des Dichters. Der ließ sie wütend entfernen. Die Katzenmutter gab nicht auf, trug die Babys zurück. Nach dem dritten Mal kapitulierte der Dichter – die Kinderstube durfte bleiben.

# **Katzenmusik** – *Töne aus allen Fugen*

Den Begriff Katzenmusik definiert das Deutsche Wörterbuch von Gerhard Wahrig als misstönende Musik. Goethe etwa verhöhnte die Geigenspieler pauschal, er versuchte zu reimen: „Ein jeder streicht zu, versucht sein Glück, es ist zuletzt eine Katzenmusik.“

Nur wenigen Komponisten ist zum Thema Katzen etwas eingefallen. Weder Wolfgang Amadeus Mozart noch Ludwig van Beethoven, Johannes Brahms oder Franz Schubert, denen ihre geliebten Katzen beim Komponieren auf die Tasten und die Notenblätter schauen durften – keiner von ihnen hat einer Katze eine einzige Note gewidmet.

Anfang des Jahrhunderts war es üblich, unbeliebten Zeitgenossen missstimmige Mitternachtsständchen darzubringen. So geschah es in der Nacht vom 10. auf den 11. Februar 1906 dem Musikkritiker Rudolf Louis. Über die Aufführung der Sinfonietta op. 90 von Max Reger hatte er in den „Münchner

Der große Katzenfreund Stefan Moses hat über ein Vierteljahrhundert lang Katzenpostkarten gesammelt – auf Dachböden, Flohmärkten und anderswo: Darunter ist auch der Cello spielende Kater Lubomir.

1 Die hohen Katzentöne können leicht auch mal danebengehen (Postkarte aus den 20er-Jahren).

2 Sogar die kleinsten Katzen schreien schon laut in den höchsten Tönen.

Honoré de Balzacs Novelle „Peines de cœur d'une chatte anglaise", Grundlage zu Hans Werner Henzes Oper, hatte Grandville illustriert. Er ist einer der bedeutendsten satirischen Zeichner des 19. Jh.s und stellte seine Zeitgenossen gern als Tiere dar.

Neuesten Nachrichten" eine abfällige Kritik geschrieben. Daraufhin verbrannten Schüler Regers das Blatt vor dem Haus des Rezensenten und spielten dazu schaurige Musik. In der nächsten Ausgabe konterte Louis mit einem neuen Artikel, in dem er fragte, ob die nächtliche Katzenmusik wohl eine Hörprobe des neuen Orchesterwerks von Reger gewesen sei.

Als älteste Katzenkomposition gilt die Katzenfuge von Domenico Scarlatti. Sie entstand Anfang des 18. Jahrhunderts. Muzio Clementi, der italienisch-deutsche Klaviervirtuose, hat behauptet, das Thema höre sich an, als ob eine Katze über die Tasten liefe. Der Komponist und Klaivervirtuose Franz Liszt hat diese Katzenfuge sehr gern gespielt. In unserem Jahrhundert hat Hans Werner Henze die Oper „Die englische Katze" komponiert. Er wurde dazu angeregt, als er Honoré de Balzacs „Herzensqualen einer englischen Katze" in einer szenischen Aufführung in Paris sah. Das Libretto schrieb der englische Dramatiker Edward Bond, der die Handlung vom Pariser Directoire in die Gesellschaft des viktorianischen London verlegte. Das Werk wurde 1983 in Schwetzingen uraufgeführt.

# **Katzenwäsche** – *von wegen!*

Das Putzen der Katze regt die Drüsen in der Haut an, eine Substanz abzugeben, die das Fell wasserabweisend macht. Und weil eine Katze nicht schwitzen kann, übernimmt der Speichel Kühlfunktion – das Putzen ist daher für den Wärmehaushalt wichtig.

Katzen, die Angst haben oder überrascht sind, beginnen sich hektisch zu putzen. Mit dieser Ersatzhandlung versuchen sie, Spannung abzubauen. Gleichzeitig wird dabei der Anstieg der Körpertemperatur ausgeglichen, der durch die Aufregung entstanden ist.

Aber bitte keine Katzenwäsche! Diese klassische Ermahnung wird noch immer dann angewandt, wenn Eltern möchten, dass ihr Kind sich gründlich wäscht. Mit diesem Ausspruch unterliegen sie allerdings einem Irrtum. Denn richtig wäre es zu sagen: „Aber bitte heute Katzenwäsche, so gründlich, wies die Katze tut." Katzen sind nämlich die saubersten Wesen, die es gibt; sie pflegen ihr Fell täglich insgesamt drei Stunden und 40 Minuten.

Ihre kleine, raue Zunge und die Vorderpfoten sind Waschlappen, Massagehandschuh, Striegel, Bürste und Kamm zugleich. Mit äußerster Gewissenhaftigkeit reinigt die Katze damit Zentimeter für Zentimeter ihres Fells, glättet Haar für Haar, beißt Verfilzungen heraus, erfrischt die Haut mit ihrem Speichel. Und wo sie mit der Zunge nicht hinkommt, da muss die angefeuchtete Pfote herhalten. Schließlich werden die Krallen einzeln begutachtet und gesäubert. Dabei können die Reihenfolge der Putzvorgänge und ihre Dauer bei jeder Katze anders sein.

Bevor das Schönheitsprogramm beginnt, geht ein kleiner Ruck durch den Katzenkörper. Das Tier richtet sich auf und macht die tollsten Verrenkungen, um auch die entlegensten Stellen zu erreichen. Katzen können ihre Schönheitspflege sehr gut allein durchführen, aber viele haben es gern, wenn man ihnen mit einer Bürste sanft übers Fell streicht; dabei lösen sich Haare und Schuppen leichter. Langhaarkatzen muss man unbedingt bei der Pflege ihres Fells unterstützen und sie regelmäßig bürsten und kämmen. Beim Bürsten jedoch immer daran denken: niemals gegen den Strich!

1

2

3

**1** Auch beim Putzen wahre Balancekünstler

**2** Tiere, die sich mögen, putzen sich oft gegenseitig.

**3** Die Katze leckt ihre Pfote feucht und säubert so die mit der Zunge unzugänglichen Stellen.

## Katzomania

Sogar im Tod vereint: Eine Amerikanerin wollte unbedingt zusammen mit ihrer geliebten Katze begraben werden. Sie bekam dafür aber keine Genehmigung. So ließ sie die Katze einäschern und nähte die Asche in den Saum ihres Hochzeitskleids. Darin wurde sie dann später beerdigt.

Sigmund Freud würde ganz bestimmt staunen, denn jetzt liegen auch Katzen auf der Couch des Psychiaters: In Amerika wurde die erste psychosomatische Klinik für neurotische Katzen eröffnet. Für eine Katzensitzung berechnen Homöopathen und Heilpraktiker umgerechnet 90 Mark. Katzomania, made in USA. Unbegrenzte Möglichkeiten für das Geschäft mit der Katze. Hotels eigens für Katzen, Restaurants mit Katzen-Luxusmenüs, komfortable Seniorenheime für Katzen. In einem verbringt die reichste Katze der Welt seit 1993 ihren Lebensabend. Ihr Herr hatte ihr zwei Millionen Dollar vermacht.

Wer glaubt, dies seien Auswüchse der Neuzeit, irrt. 1678 verfügte die Harfenistin Madame Dupuy testamentarisch, dass nach ihrem Tod ihre Katzen einen Teil ihres Vermögens, ein Stadtpalais und einen Landsitz bekommen sollten. Die anderen Erben, Schwester und Nichte, wurden verpflichtet, sich abwechselnd um die Katzen zu kümmern.

Katzomania im Rokoko: Maréchal Pralin widmete eine seiner Pralinenkreationen den Kätzchen: Die Katzenzungen aus Schokolade waren erfunden. Die englischen Damen jener Zeit waren sogar noch verrückter. In einer Kleinanzeige in einer Londoner Zeitung stand um 1900: „Alte Dame sucht wohlerzogenen und gut gekleideten Knaben, der einer Katze mit zarter Gesundheit täglich ein paar Stunden Gesellschaft leistet."

Den Engländern sind ihre – nach aktuellen Schätzungen – zehn Millionen Katzen lieb und teuer. Eine Mrs. Sellar lehnte 1967 das Angebot ab, ihren Kater Coylum Marcus, der kupferfarbene Au-

1 Katzenporträts der anderen Art – als Postkarten

2 Liebesbeweis auf kätzische Art: Köpfchenreiben

3 Abessiniergruppe

1

2

3

gen hatte, zu verkaufen, obwohl man ihr ein Angebot von über 23 000 Mark gemacht hatte.

In Deutschland haben die Katzen den Hund bereits an Beliebtheit übertroffen; hier leben sechs Millionen. Und sie sind ein Milliardengeschäft: Katzenfutter macht mehr Umsatz als Babynahrung.

Der absolute Gipfel der Katzenverrücktheit war folgendes Ereignis: Im Oktober 1996 fand in Bangkok eine Katzen-Hochzeitsgala statt. Der blauäugige Bräutigam Phet im Frack kam im Rolls-Royce, seine Braut Ploy im Hubschrauber. Die Trauzeugen waren ein Papagei und ein Leguan. 500 Gäste wohnten dem Spektakel bei. Ein Kosmetikhersteller ließ sich diese ausgefallene Show 150 000 Mark kosten.

# **Kinderstube** – *volles Lernprogramm*

Zwischen der zweiten und siebten Lebenswoche haben kleine Kätzchen eine wichtige Prägungsphase. Werden sie dann viel vom Menschen beachtet und gestreichelt, entwickeln sie eine enge Beziehung zu ihm.

Anfangs noch blind und taub, gehen die neugeborenen Kätzchen ihrer Nase nach. Geruch und Wärme lassen sie die Milchquelle, also die Zitze ihrer Mutter, finden. Ihr Instinkt und natürlich die liebevolle Katzenmutter leiten sie sicher durch die ersten Wochen ihres Lebens. Instinktiv können die Kleinen laufen, springen, nach ihrer Mutter rufen und Zuwendung einklagen. Sie können sich auch anschleichen, fangen, mit den Tatzen haschen, klettern, springen, balancieren – das alles ermöglichen den jungen Katzen die ihnen angeborenen Fähigkeiten.

Das tägliche Trainingsprogramm beim Toben mit den Geschwistern ist ideal zum Perfektionieren der Körperbeherrschung. Die Katzenmutter fungiert dabei als (meist) geduldiges Klettergerüst, als Sparringspartner und ermunternde Zuschauerin. Spielerisch erobern sich die Katzenkinder ihre Umwelt. Sie lernen ein raschelndes Blatt von einem harten Stein zu unterscheiden; sie untersuchen alles, was sich bewegt, und üben etwa, wie man am besten auf

1

2

**1** Was sie von ihrer Mutter lernen, ist für die Entwicklung der Kätzchen prägend.

**2** Eine stattliche Schar! In der Regel wirft eine Katze vier bis sechs Junge.

eine rutschige Fensterbank springt. In der Kinderstube spielt das Vorbild der Mutter eine große Rolle: Sie verteidigt die Kleinen nicht nur selbstlos gegen jede vermeintliche Gefahr, sie bringt ihnen auch Körperpflege bei, zeigt den Jungen, wo das Katzenklo steht und wie es zu benutzen ist. Von ihr lernen sie, was es Leckeres zu fressen gibt, wenn Mutters Milchbar nicht mehr zur Verfügung steht. Wer zu gierig ans Futter will, wird mit einem sanften Nasenstüber in seine Schranken gewiesen. Hier hat die Mutter das Sagen, damit das klar ist!

Katzenkindern ist eine Beißhemmung angeboren. Die hindert sie daran, dass sie ihre Geschwister beim Toben im Eifer des Gefechts verletzen. Erst bei der Beutejagd unter Mutters Aufsicht wird diese Hemmschwelle überschritten. Mit dem ersten tödlichen Biss ist der Mäusejäger in ihnen geweckt.

Wenn die Verfolgungsjagden unter den Kätzchen immer wilder werden, geht es zu Ausflügen in die Umgebung. Mit aufgestellten Schwänzchen traben die Kleinen dann im Gänsemarsch hinter ihrer Mutter auf Entdeckungstour. Sie lernen viel. Zum Beispiel, wo der Hund des Nachbarn lauert, wo das köstlichste Gras wächst. Dass es zwar lustig ist, die Bienen auf den Blüten zu jagen, dass sie aber schmerzhaft stechen können. Und sie lernen, blitzschnell auf Warnlaute der Mutter zu reagieren.

„Von allen schönen Anblicken der Natur, deren es gewiss nicht wenige gibt, ist zweifellos derjenige einer Katze, die mit ihren Kätzchen spielt oder sie erzieht, der hübscheste.“
*Edith Carrington*

Im Alter von vier Wochen gibt es den ersten Jagdunterricht. Dann bringt die Katzenmutter eine tote Maus für ihre Jungen zum Beschnuppern und Probieren mit. Später sind es dann lebende Exemplare, mit denen trainiert werden kann. Eine ausführliche Demonstration, wie eine Katze mit einem solchen Beutetier umzugehen hat, folgt – danach ist der Nachwuchs dran. Bei allem hat Mutter Katze die Aufsicht – und sie fängt auch die Mäuse wieder ein, wenn die ihren noch ungeschickten Sprösslingen entwischt sind.

# Kitsch *as cat can*

1 Bei besonderen Gelegenheiten und wenn die Kinder darum bettelten, wurde die lustige Kaffeekanne hervorgeholt. Sie hatte die Form einer Katze, die auf den Hinterbeinen sitzt, und der Kaffee floss aus ihrer linken erhobenen Vorderpfote, der Deckel war der Kopf. Die Kanne stand in der Vitrine im Wohnzimmer zwischen den anderen Katzendevotionalien, die sich im Lauf der Jahre angesammelt hatten.

Es ist schon erstaunlich, was Katzennarren während ihres Lebens so alles zusammentragen können. Ob diese Menschen besonders anfällig für derartige Stücke sind? Jedenfalls hält dieses Sammelgebiet eine Fülle von Absonderlichkeiten bereit: Da finden sich Katzen auf Bierdeckeln, auf Blumenvasen und Porzellandosen, und es gibt Wärmflaschen in Katzenform, Spazierstockgriffe und Gürtelschnal-

Kitsch als Gebrauchsgegenstand. Passend zur Porzellan-Kaffeekanne in Form einer sitzenden Katze mit erhobener Pfote gibt es auch Tassen und Teller.

**1** Bemalte Holzbrosche aus Italien

**2** Das Krankenzimmer (alte Postkarte aus der Sammlung von Stefan Moses)

**3** Geschenkpapier für Katzenfans

len mit geschnitzten Katzenköpfen, Aschenbecher, Buchstützen und Geschenkpapiere, die durch Katzenbildchen „veredelt" werden – praktisch keine freie Fläche, die man nicht mittels Abbildung einer Katze zieren könnte. Eine erstaunliche Mischung aus Kitsch und Kunst ist so in den Jahrhunderten zusammengekommen.

Schon aus dem Ägypten der Pharaonen kennt man die Darstellung von Katzen. In Japan sind die winkenden Katzen als Spielzeug und Glücksbringer beliebt. In den großen Manufakturen Europas entstanden im 19. und 20. Jahrhundert Porzellanfiguren, ebenso schufen Künstler aller Couleurs Bilder und Zeichnungen von Katzentieren.

Katzen-Kitsch und -Kunst-Sammler sollten nach London oder Amsterdam fahren. Das Angebot dort ist riesig. In kleinen Läden, auf Auktionen oder Flohmärkten kann man hemmungslos in den Kuriositäten schwelgen.

Heute noch ist das Anhäufen von Dingen mit kätzischen Motiven weit verbreitet. Bereits vom Babyalter an wird der Nachwuchs damit bei Laune gehalten: Vom Lätzchen oder Mützchen blinzelt vergnügt ein Kätzchen. Pullis, T-Shirts, Stoffe, Malblocks und noch vieles mehr sind mit Katzenmotiven zu haben.
In den Kaufhäusern quellen die Regale geradezu über von Kuscheltieren und Schmusekatzen. Doch Geschmack hin oder her – Katze geht immer!

# *Treffpunkt* Kolosseum

Adel verpflichtet! Und von Adel sind sie alle, die Katzen von Rom. Sie sind Bürger der Ewigen Stadt, diese Abkömmlinge hoch geehrter altägyptischer Katzentiere. Auch wenn sie heute nicht mehr verehrt werden, verarmt oder in den Untergrund gegangen sind – ihre Verpflichtung heißt: überleben.

Der „cattus romanus" ist der Großstadtkater schlechthin. Er ist elegant bis in die Schwanzspitze, wenn auch an manchen Stellen von den nächtlichen Kämpfen gezeichnet, urban, kosmopolitisch und zudem mit allen Wassern des Tibers gewaschen. Seinen ersten Auftritt im Römischen Reich hatte er etwa zu der Zeit, als Cäsar und ⇢ **Kleopatra** nach Italien kamen. Als kostbares ägyptisches Souvenir begleitete er ihren Triumphzug durch die Stadt Rom, und er kam dort sehr schnell bei den Damen ganz groß in Mode. Der römische Dichter Marcus Valerius Martialis gab dem neuen Salonlöwen in einem Epigramm seinen europäischen Namen: cattus. Später wurde er dann gatto, chat, cat, Kater oder Katze genannt ...

⇢ **Kleopatra** (51–30 v. Chr.), ägyptische Königin. Sie wurde von ihrem Bruder aus Ägypten vertrieben und erhielt von Cäsar die Herrschaft zurück. Sie lebte mit ihm von 46–44 v. Chr. in Rom und kehrte nach seinem Tod in ihre Heimat zurück. Gerühmt wurde Kleopatras Schönheit; ihre Augen sollen denen von Katzen ähnlich gesehen haben.

Glanz und Elend Roms, das waren verschiedene Belagerungen, Hungersnöte, Inquisition, der Einzug napoleonischer Truppen, schließlich die deutschen Besatzer – Roms Katzen überlebten das alles, und sie bevölkern heute zu Tausenden Straßen, Ruinen und Plätze. Von den engen Gassen in Trastevere über das Viertel Testacchio bis hin zu den eleganten Dachterrassen in der Via Margutta. Der Schriftsteller Herbert Rosendorfer erstellte eine soziale Topographie der Katzen in der Stadt Rom: die ärmsten der Armen, die einohrigen, die humpelnden, abge-

Die Zahl der in den Ruinen der Ewigen Stadt streunenden Katzen liegt bei etwa 140 000. Dank verschiedener Privatinitiativen werden sie gefüttert und auch tierärztlich versorgt.

magerten Streuner verkriechen sich im abgelegenen Mausoleum des Augustus. Besser geht es den Katzen auf dem Kapitol und auf dem Palatin, wo sie nächtens durch die Ruinen der flavischen Paläste streichen. Und beinahe üppig lebt sichs im Kolosseum, wo Touristen und freundliche Römer so manchen Leckerbissen hinterlassen. Auch für regelmäßigen tierärztlichen Besuch ist hier gesorgt – eine Privatinitiative kümmert sich speziell um die herrenlosen Katzen, die im Kolosseum leben.

Zu den „gehobenen Schichten" gehören diejenigen, die den Aventin bevölkern, sowie die Katzen in den Vatikanischen Gärten. Wahre Kamikaze-Katzen hausen in den Resten des Largo Torre Argentina mitten im lebensgefährlichen Großstadtverkehr, geschützt nur durch die alten Mauern. Oder sie treffen sich im Ludus Magnus, den Ruinen der Gladiatorenschule am Anfang der Via San Giovanni. Kühne Überlebenskämpfer aber sind sie alle, die Katzen von Rom – vielleicht könnte man sie sogar als die letzten römischen Gladiatoren bezeichnen.

1

2

1 Verwilderte Katzen auf dem Friedhof im römischen Stadtteil Testacchio

2 Die berühmte Ruine des Kolosseums in Rom. Hier leben unzählige herrenlose Katzen.

## **Kommissar** *Katze – übernehmen Sie!*

„Katzen erreichen mühelos, was uns Menschen versagt bleibt: durchs Leben zu gehen, ohne Lärm zu machen.“ *Ernest Hemingway, Schriftsteller*

Der Krimi des französisch-belgischen Schriftstellers Georges Simenon (1903–1989) „Der Kater“ wurde mit Simone Signoret und Jean Gabin verfilmt.

„Felidae“, der Katzenroman von Akif Pirinçci, wurde in der Presse als „exquisitester Krimi des Jahres 1989“ gefeiert.

Sie können all das, was ein echter Kommissar gern können würde. Sie stehen plötzlich hinter dir, ohne dass du es gemerkt hast. Sie liegen flach auf einem Schrank und lassen nicht einmal die Schwanzspitze blitzen. Sie stehen ganz und gar unschuldig neben dir, während du sie herbeirufst. Sie sehen dich in der Dunkelheit, während du fast auf sie trittst ...

An so wunderbaren Eigenschaften kommt kein Krimischriftsteller vorbei. Schon Altmeisterin Agatha Christie setzte mit Katzen Highlights in die Verbrecherszene, wenn auch nur als Statisten. Heute nehmen die cleveren Tiere die Ermittlungen vielfach selbst auf. Schlagen Sie nach bei Patricia Highsmith, Georges Simenon und Dorothy Sayers, bei Akif Pirinçci, Lydia Adamson und Rita Mae Brown. Deren Krimikatze Mrs. Murphy ist in einem Provinznest in Virginia als Detektivin aktiv: „Ruhe in Fetzen“ und „Schade, dass du nicht tot bist“ sind die Titel der Katzenkrimis.

Katzen sind konkurrenzlos im Kampf gegen das Verbrechen. Für alle, die nicht genug von Kommissar Katze kriegen können, gibt es von Lilian Jackson Braun die Katzen Koko und Yum Yum in Serie. Krimihäppchen für Katzenfreunde oder Kätzisches für Krimifans? Warum schleichen die Samtpfoten durch so viele Krimis? Allwissend, lautlos, geheimnisvoll, stets zur rechten Zeit am rechten Ort, perfekte Spurensucher in der Dunkelheit, Schnüffler in fremden Revieren, heimliche Beobachter auf Dachfirsten. Immer schlauer als der menschliche Kollege. Katzen sind die idealen Krimihelden – lesen Sies doch mal nach!

1

2

3

**1** Souverän, aufmerksam und lautlos beobachtet sie die Umgebung.

**2** Rita Mae Brown, amerikanische Autorin von Katzenkrimis, weiß, wovon sie schreibt.

**3** Ideale Spürnasen: hellwach und auf jede Überraschung gefasst

# Körpersprache – *Stimmungsanzeiger*

Die Kommunikation zwischen Katzen klappt in der Regel ohne Missverständnisse, nur die Menschen müssen diese Körpersprache erst verstehen lernen. Die Verhaltensforscher Desmond Morris und Paul Leyhausen geben für jeden Katzenfreund verständliche Hilfestellung. Katzen reden mit Ohren und Augen, mit dem Schwanz und der Körperhaltung. Eine freudige Begrüßung erkennt man am steil aufgerichteten Schwanz. In dieser Haltung laufen schon die Katzenkinder auf ihre Mutter zu und laden sie zur Inspektion ihres Hinterteils ein. Auch das Köpfchenreiben gehört dazu. Damit wird der vertraute Geruch verteilt und klargemacht: Der oder die gehört zu mir.

Eine zufriedene und glückliche Katze sitzt entspannt auf ihren Hinterbeinen, die Vorderpfoten aufgestellt, den Schwanz um sich gelegt. Erregt etwas ihre Aufmerksamkeit, öffnen sich ihre Augen weit, die Ohren wandern nach vorn, der Schwanz zeigt in leichter Kurve nach oben. Wird die Katze

Gemütlich auf dem Schoß liegend, tritt die Katze rhythmisch mit den Vorderpfoten. Diese Bewegungen, Treteln genannt, sind Ausdruck größten Wohlbehagens. Die Katze kennt sie noch aus ihrer Babyzeit. Damit hat das kleine Tier den Milchfluss der Mutter angeregt.

1 Bauch nach oben: Vertrauensbeweis und Ausdruck höchsten Wohlbehagens.

2 Die dekorative Haltung dieser Faltohrkatze drückt gelassene Zufriedenheit aus.

ärgerlich oder ängstlich, legt sie die Ohren leicht nach hinten, verzieht das Gesicht und faucht, was bedeutet: halt, nicht weiter! Diese Warnung wird durch eine gebückte Körperhaltung unterstrichen, die Pfoten sind jederzeit zu einem Tatzenhieb bereit. Der peitschende Schwanz – nicht zu verwechseln mit dem freundlichen Wedeln des Hundes – zeigt, gleich gehts los.

Katzen sind gute Beobachter, und sie verstehen meist auch die Körpersprache ihrer Menschen. Sie fühlen Stimmungen, bemerken an der Blickrichtung oder Körperhaltung, was der Mensch vorhat, noch bevor er sich bewegt oder nur ein Wort gesagt hat.

Wird ihr Zorn weiter gereizt, fixiert die Katze ihr Gegenüber mit starrem Blick. Ihr Körper ist jetzt zum Sprung bereit und auf Angriff programmiert. Zur Drohgebärde gehört auch der waagerecht abstehende Schwanz, aufgeplustert wie eine Flaschenbürste. Nun herrscht die höchste Alarmstufe. Überwiegt die Furcht vor einem Gegner, macht das Tier den berühmten Katzenbuckel und versucht so, einen Angriff abzuwehren. Dem Feind die Seite präsentierend, den Rücken gewölbt, faucht sie, ihr Fell ist gesträubt. Damit will sie ihrem Gegenüber Angst machen. Der dick gewordene Schwanz ist von der Wurzel an weit abgespreizt und macht einen Bogen, seine Spitze zeigt nach unten. Der Katzenbuckel ist ein Zeichen für die zwiespältigen Gefühle, die das Tier in dieser Lage bewegen. Es will einerseits nicht zurückweichen, fühlt sich aber andererseits auch der Situation nicht gewachsen. Kommt der Gegner jetzt zu nahe heran, dann ergreift die Katze meist die Flucht.

Sind Katzen in Angriffsstimmung, fauchen sie und entblößen dabei ihre Zähne. Präsentieren sie, auf den Rücken gedreht, ihre Waffen, zeigt diese Abwehrhaltung: Ich verteidige mich jetzt mit meinen Krallen.

Und dann gibts noch das Rekeln und Strecken – hinreißend genießerisch –, oft begleitet von einem herzhaften Gähnen. Der Ausdruck für Glück und Wohlbehagen schlechthin – aber das versteht jeder.

# Krankheiten – *wie man sie erkennt*

Die Atmung einer gesunden Katze ist ruhig und ausgeglichen – je nach Alter macht sie 40 bis 20 Atemzüge pro Minute, ihre Körpertemperatur liegt zwischen 37,5 und 39 Grad Celsius. Weitere Merkmale dafür, dass sich das Tier wohl fühlt sind: wenn die Katze einen guten Appetit hat, wenn sie sich anschleicht, ihre Tobeanfälle bekommt, Lust zum Spielen hat und sich täglich mehrmals und hingebungsvoll putzt – kurz gesagt, wenn sie putzmunter ist und hellwach wirkt.

Die wichtigsten und sichtbaren Merkmale, an denen man erkennen kann, ob es einer Katze gut geht, sind bereits unter dem Stichwort Checkup beschrieben worden. Woran kann man nun aber erkennen, ob sich die Katze unwohl fühlt oder ob sie gar krank ist? Wer schon längere Zeit mit seinem Tier zusammenlebt, der wird sofort jede Verhaltensänderung bemerken, wird an Kleinigkeiten feststellen, wenn etwas mit seiner Katze nicht stimmt.

1 Bei Kätzchen können sich die Augen leicht entzünden.

2 Bei unklarem Krankheitsbild das Tier nicht selbst kurieren, sondern besser zum Tierarzt gehen.

Wenn sie ihn morgens zum Beispiel nicht begrüßt, wie sies sonst immer tut. Wenn ihr Fell struppig und glanzlos ist und sich das Tier oft kratzt. Dies kann vielleicht ein Hinweis auf Parasitenbefall sein – Flöhe kommen am häufigsten vor.

Die Infektion mit dem FIV (Felines Immunschwächevirus) ist unheilbar. Die Katze bekommt Durchfall, magert ab. Hepatitis und Tumore sind die Folge. FIV ist mit dem Aids-Virus beim Menschen vergleichbar.

Hinweise, dass etwas nicht in Ordnung ist, vielleicht eine Erkrankung vorliegt, können sein: wenn sich die Nickhaut über die Augen schiebt, starker Tränenfluss auftritt oder das Tier häufig blinzelt, wenn sich die Katze kaum bewegt, kein Interesse an ihrer Umgebung zeigt, den ganzen Tag an der gleichen Stelle liegt oder ihr Gang taumelig wirkt. Wenn sie auf dem Katzenklo vergeblich versucht, Kot oder Urin abzusetzen; auch wenn sie Futter und Wasser stehen lässt oder auffallend viel trinkt sowie häufiger als sonst erbricht.

Zeigt sich eine oder mehrere dieser Verhaltensauffälligkeiten bei dem Tier, sollte man Ruhe bewahren und nicht selbst mit irgendwelchen Mitteln herumprobieren. Beobachten Sie Ihren Hausgenossen. Gehen Sie im Zweifelsfall und bei länger anhaltenden Beschwerden zum Tierarzt!

Katzen sind robuste Tiere. Bei Wohnungskatzen, die oft recht alt werden, häufen sich jedoch vor allem in späteren Jahren Gesundheitsstörungen. Besonders Kater neigen dann zu Nierenerkrankungen.

Eine von jedem Katzenbesitzer gefürchtete, sehr gefährliche Erkrankung ist der Katzenschnupfen, eine ansteckende Virusinfektion. Anzeichen können tränende Augen und entzündete Nasenschleimhäute sein. Die Katze niest viel, hat Entzündungen im Mund und verweigert das Futter. Wird der Katzenschnupfen rechtzeitig erkannt und mit Antibiotika behandelt, klingt er nach etwa acht bis zehn Tagen ab. Kommt aber eine Lungenentzündung hinzu, kann es kritisch werden – besonders für Kätzchen.

# **Krallen** – *von wegen Samtpfoten!*

1

„Schöne Frauen und schöne Katzen, wem von ihnen man auch schmeichelt, wen von ihnen man gar streichelt, stets riskiert man, dass sie kratzen", so schrieb Joachim Ringelnatz. Katzen jedenfalls müssen kratzen. Nicht um die Krallen zu schärfen, sondern um abgestorbene Hornteile abzustoßen. Die Samtpfoten haben es in sich. Befühlt man sie, kann man im weichen Ballen die Spitzen der Krallen spüren. Sie stecken wie scharfe Dolche in den Krallentaschen, die sie beim Laufen schützen. Katzen können ihre Krallen blitzschnell ausfahren, wenn sie angreifen oder sich verteidigen wollen. Auch wenn sie sich vom Schwanz bis zu den Krallen genüsslich ausstrecken, sind diese zu sehen.

Die Krallen der Katze bestehen aus Protein. Sie sind Teile der Haut und nicht des Skeletts.

Am liebsten wetzen Katzen ihre Krallen an Bäumen – wenn sie ins Freie können! In der Wohnung wird das schwieriger, denn aus Kiefer oder Eiche sind hier nur die Möbel. Wer seine Einrichtung schonen möchte, bietet seiner Katze einen Kratzbaum an. Er sollte neu sein, denn die Gerüche von Vorgängern nimmt jede Katze wahr, und sie wird ein solches Stück strikt ablehnen. Kratzbäume sind im Fachhandel erhältlich, ideale Höhe: 60 bis 90 cm. Wenn das Ledersofa trotz des neuen Kratzbaums immer noch interessanter ist, dann heißt es Gegenmaßnahmen ergreifen. Geht die Katze an die alten Stellen, packen Sie sie mit einem lauten Nein im Nacken und führen sie energisch, aber freundlich zum Kratzbaum. Legen Sie ein Spielzeug der Katze darauf, oder hängen Sie vorübergehend eines Ihrer Kleidungsstücke darüber. Dann wird sie ihn – vielleicht – annehmen.

Katzen müssen kratzen! Wie die Fingernägel beim Menschen wachsen auch die Krallen der Katze ständig nach. Sie muss ihre Krallen wetzen, um die äußeren abgestorbenen Hornschichten loszuwerden.

2

3

1 Ausgefahrene Krallen

2 Die ideale Kratzstelle im Freien ist ein Baumstamm, ...

3 ... in der Wohnung tuts ein Kratzbaum.

4 Langes Ausstrecken mit Krallenwetzen gehört zum Imponiergehabe.

4

# **Liebe** *unter Kratzbürsten*

Der bunte Wurf einer frei laufenden Katzenmutter gibt oft Rätsel auf: Wie viele Kater waren beteiligt? Die Promiskuität der Katze ist ein Trick der Natur, um das Erbmaterial so oft wie möglich neu zu mischen, damit die Kätzchen im Wurf überlebensfähig sind.

Liebestoll sind sie bis in die Schwanzspitze, und sie können nie genug kriegen. Nach menschlichen Maßstäben genießen Katzendamen einen eher zweifelhaften Ruf. Eine rollige Kätzin macht die Kater gewaltig an. Sie heften sich oft tagelang an ihre Fersen, bis sie endlich zum Zug kommen – oder ein anderer Kater sie ihnen vor der Nase wegschnappt.

Das Liebesleben der Katzen ist eine Show für sich und unüberhörbar. Wenn im Februar die Tage länger werden, Hormone die Paarungsbereitschaft wecken, sind die Kätzinnen nicht mehr zu halten. Wer zum ersten Mal eine rollige Katze erlebt, mag an eine geheimnisvolle Nervenkrankheit glauben, so verrückt gebärdet sie sich dann. Sie reibt sich an Stuhl- und Menschenbeinen, rollt sich hingebungsvoll am Boden, schmust und haut abwechselnd, lockt mit markerschütterndem Wehklagen Liebhaber an.

Ihr Urin ist dann mit speziellen Duftstoffen, den Pheromonen, angereichert, die jedem Kater signalisieren, dass die Kätzin Liebesabenteuer sucht.

1 Kätzinnen haben bestimmte Zeiten, zu denen sie rollig sind; die Kater sind immer zur Liebe bereit.

2 Liebe unter Kratzbürsten – selten ein Leben lang

Die Kater in der Umgebung kämpfen untereinander die Rangfolge neu aus, eifrig werden die Reviere markiert, und mancher junge Kater kommt während dieser Zeit mit Blessuren von seinen nächtlichen Streifzügen nach Haus. Die Kätzin lässt die Freier hoheitsvoll gewähren. Und wehe, es kommt ihr ein übereifriger Kater jetzt schon zu nahe – er handelt sich einen Hieb ein!

Manche Kätzinnen haben feste Liebhaber, die oft von weit her kommen und zur Brunstzeit immer wieder auftauchen. Andere führen sich mit Nachbarkatern in der Brunst wie verliebte Teenager auf, was aber nicht heißen muss, dass die Kätzin diesen Kater auch zum Liebhaber wählt.

Erfahrene Casanovas sind geduldig, gurren und schmeicheln, oft mit Erfolg. Doch wer erhört wird sowie den richtigen Zeitpunkt für den Liebesakt bestimmt allein die Kätzin. Kokett flieht sie vor dem Auserwählten, wartet, bis er herankommt, gibt sich kratzbürstig, faucht, verteilt Hiebe und ist wieder weg. Ein Kater im Liebesrausch lässt sich nun nicht mehr beirren. Präsentiert ihm die Kätzin, tief geduckt am Boden, ihr Hinterteil mit dem zur Seite gelegten Schwanz, ist er schnell zur Stelle, packt sie mit einem Nackenbiss und begattet sie mit wenigen Beckenstößen. Mit einem Schrei und heftigen Hieben beendet die Kätzin den Akt und leckt sich.

Die Brunstzeiten von Kätzinnen liegen in der Regel Anfang Februar bis Mitte April und von Mai bis Ende Juli. Es gibt aber auch Tiere, z. B. Wohnungskatzen, die alle acht bis vierzehn Tage rollig sind.

Nach wenigen Minuten ist der Kater erneut gefordert. Das geht bis zu viermal hintereinander. Häufig stehen schon die anderen Freier Schlange und hoffen, dass sie ebenfalls zum Zuge kommen. Die Brunst der Kätzin dauert etwa sechs bis zehn Tage. Sie lässt sich dann meist mit mehreren Katern ein. Die spitzen Stacheln am Penis ritzen die Haut der Scheide und lösen durch den starken Reiz einen Eisprung aus (wahrscheinlich nach etwa 24 Stunden). Hat die Katze keinen Liebhaber gefunden, wird sie zwei bis drei Wochen später erneut rollig.

# Lieblingsplätze – *immer obenauf*

Wer seiner Katze Spaß und Abwechslung bieten möchte, baut ihr aus Kisten, Kissen, Decken und Papier eine Abenteuerlandschaft, in der sie nach Lust und Laune ihren Forscher- und Spieldrang ausleben kann.

Die pelzigen Voyeure beanspruchen einen Platz immer in der ersten Reihe. Auf der Fensterbank, auf dem Wohnzimmerschrank oder dem dicken Ast des Apfelbaums. Hier läuft das Programm den ganzen Tag nonstop. Kinder spielen, Menschen gehen am Fenster vorbei, von hinten kommt ein Hund, über den Blüten tanzen Schmetterlinge. Eichhörnchen flitzen den Baum hinauf und hinunter, Blätter oder Schneeflocken segeln vom Himmel herab.

Von ihrem Lieblingsplatz mit Aussicht kann auch eine Stubenkatze beobachten, was draußen in der Welt vorgeht. Oder sie schaut in der Wohnung ihrem Menschen bei der Arbeit zu. Da gibts keine Langeweile – und sie selbst muss sich nicht sonderlich anstrengen. Ein Aussichtspunkt, am liebsten erhöht, sicher und mit guter Fernsicht, hat alle Chancen, zum Lieblingsplatz zu avancieren.

Es gibt allerdings noch weitere Qualitäten, die einen bestimmten Platz zum bevorzugten Aufenthaltsort machen. Katzen haben es gern warm und kuschelig, und daher geht nichts über das Bett, besonders dann, wenn der Mensch als lebendige Wärmflasche gerade drin liegt. Sein Schoß wird aber ebenso gern akzeptiert. Für das Nickerchen zwischendurch tuts der gemütliche Stuhl und – natürlich – auch der Lieblingssessel des redlich müden Menschen, von dem sich die Genießerin abends nur ungern vertreiben lässt. Oder sie macht es sich sogar auf den Heizungsrippen bequem.

Unschlagbar ist ein ruhiges Plätzchen in der Frühlingssonne, vielleicht auf den warmen Balkonfliesen zwischen den Blumentöpfen oder auf dem

Holzstoß hinterm Haus. Wohlig schnurrend kann die Katze dort Wärme tanken, ein wenig in der Sonne dösen und von der Mäusejagd träumen. Blinzeln, sich ausgiebig rekeln und dabei genüsslich gähnen.

Ganz oben auf der Hitliste der Lieblingsplätze rangieren Nischen und Höhlen, in denen die passionierte Jägerin wunderbare Verstecke findet. Dort kann sie lauern, alles beobachten, ohne selbst gesehen zu werden – das ist ganz nach ihrem Geschmack. Ob Wäschekorb oder Schuhkarton, Kleiderschrank oder Einkaufstasche – geeignete Verstecke gibt es in jeder Wohnung ausreichend.

Ein gemütlicher Aussichtsplatz wird auch schon mal großmütig mit einer befreundeten Katze geteilt. Dann kann man sich gegenseitig putzen, behaglich aneinander kuscheln und zwischendurch wieder neugierig das Geschehen beobachten.

Gegen Störenfriede werden Lieblingsplätze allerdings energisch verteidigt – ob das nun fremde Katzen sind oder auf- und umräumende Menschen.

1

1 Katzen sitzen oft stundenlang auf einem Platz abseits des Geschehens und beobachten die Umgebung.

2 Lieblingsplatz mit Dekoration

1

# Literarische Katzen

„Der gestreifte Kater sprach: ‚Wenn ich kein Kater wäre, so würde ich dich bitten, meine Frau zu werden.' Die Schwalbe schwieg. Die Worte waren ihrem Herzen angenehm. Aber sie hatte Angst. Er war ein Kater. Sie flog dicht über den Kater hin, streifte ihn leicht mit dem linken Flügel. Er konnte die Schläge des kleinen Herzens der Schwalbe Sinha hören. Sie gewann an Höhe, noch von weitem sah sie sich nach ihm um. Es war der letzte Sommertag." So endet die Geschichte „Der gestreifte Kater und die Schwalbe Sinha", die der brasilianische Schriftsteller Jorge Amado für seinen Sohn geschrieben hat.

Katzen in der Literatur, das ist ein langes Kapitel. Womit fangen wir an? „Höre, lausche und vernimm, liebes Kind, dies begab und ereignete sich, da die Haustiere noch wild waren …", so beginnt „Die Katze, die für sich allein ging" von Rudyard Kipling, dem Autor des Dschungelbuchs. In der Erzählung lockt eine Frau wilde Tiere in ihre Höhle und zähmt sie. Nur die Katze lässt sich nicht überlisten. Sie kommt zwar ans Feuer und trinkt Milch, geht aber wieder fort.

Katzen und Literatur, das ist nicht nur ein Thema zwischen den Buchseiten. Auf den dicken alten Büchern lässt es sich auch herrlich turnen – und dazu der geheimnisvolle Geruch, der über allem hängt …

1 Nero Corleone, der italienische Kater, den es nach Köln verschlagen hat (Illustration von Quint Buchholz)

**2–3** Lauter Literaten

Furcht erregend sind die Riesenkatzen Grabs und Schnores in Theodor Storms Novelle „Bulemanns Haus" (1864). Fröhlich, frech und weltklug gibt sich Kater Carlo, den Johannes Richard zur Megede Anfang dieses Jahrhunderts zum Leben erweckte: Der elegante Italiener mit fleckenlos weißem Fell zitiert Friedrich Nietzsche, liebt die Frauen und nennt den Kater Murr von E. T. A. Hoffmann sowie Hiddigeigei herablassend seine Verwandten. Bei der Lektüre von Akif Pirinçcis Katzenkrimi „Felidae" stellen sich dagegen dem Leser die Nackenhaare auf!

Hiddigeigei heißt der schwarze Kater, den Victor von Scheffel mit seinem Roman „Der Trompeter von Säckingen" (1854) berühmt gemacht hat.

Es gibt aber auch Schriftstellerinnen, die Katzen zu Hauptfiguren gemacht haben. So Patricia Highsmith, die große Psychologin menschlicher (und tierischer) Abgründe. Bei Doris Lessing dagegen sind Katzen keine literarischen Figuren – sie schreibt über ihre eigenen Erfahrungen. Elke Heidenreich und Quint Buchholz (Illustrationen) schließlich erzählen von „Nero Corleone", dem italienischen Kater, der nach Deutschland kommt.

„Sie ist der Hausgeist hier; sie richtet, herrscht, begeistert alle Dinge in ihrem Reich; vielleicht ist sie eine Fee, ist sie ein Gott."
*Charles Baudelaire, französischer Dichter, über seine Katze*

Katzen und die Literatur – eine unendliche Geschichte eben!

# Malerische Katzen – *Stars in Öl*

1

Die Verehrung für den englischen Katzenmaler Louis Wain, der auch Porzellankatzen von Hand bemalte, nahm zeitweise kuriose Züge an. So erklärte der Schriftsteller H. G. Wells, dass englische Katzen, die den von Wain gemalten nicht ähnlich sähen, sich schämen müssten.

Wer Katzenbilder sammelt, wird in den Museumsshops fast immer fündig. Sie bieten eine große Auswahl an Künstlerpostkarten sowie Kunstdrucken mit Katzenmotiven.

Getigerte und rote Katzen, schlafende Katzen und sich putzende, Katzen mit Jungen und Katzen mit Mäusen. Katzen in Öl auf der Leinwand oder Katzen auf Papier. Auf jeden Fall Katzen.

Unzählige Maler haben sich den geliebten Hausgenossen verschrieben – zutraulich, zärtlich, liebevoll, mit weichem Schmusefell und behaglichem Schnurren. Im 19. sowie im beginnenden 20. Jahrhundert waren die meisten der Katzenbilder, die damals entstanden, mindestens ebenso dekorativ wie die Katzen selbst, wie ein neues Sofa – ein Sinnbild gutbürgerlicher Behaglichkeit. Die Katzenmaler waren gefragt, und sie produzierten in Serie mit mehr oder weniger Talent. Die Werke von Julius Adam II. etwa werden heute noch zu hohen Preisen gehandelt. Sein Kollege in München, Wilhelm Schwar, dagegen geriet wie viele andere in Vergessenheit. Verehrt wird Théophile Alexandre Steinlen, der dem Wesen seiner Modelle mit großem Einfühlungsvermögen nachspürte.

Zum König der Katzenmaler beförderten seine Landsleute den Engländer Louis Wain. Und sie zahlten Traumpreise für seine Blätter. Der Zeichner produzierte über 30 Jahre lang für Postkarten, Kalender und Jahrbücher jährlich 600 Bilder in seinem unverwechselbaren Stil: Sein Katzenreich war Abbild der feinen englischen Gesellschaft der Jahrhundertwende. Im Stil der Zeit gekleidet, trinken die Katzen Tee, spielen Golf oder lernen „hundert Möglichkeiten, um Mäuse zu essen“.

Im 20. Jahrhundert haben sich u. a. zwei unterschiedliche Künstler den Katzen gewidmet. Max

1 Max Raffler: Katzenporträt

2 „Mädchen mit Katze II“ von Franz Marc, 1912 (Ausschnitt)

3 Zahlreiche Künstler wählten Katzen als Bildmotiv. Pablo Picasso: „Jacqueline mit Katzen“ von 1964 (Ausschnitt)

2

3

Raffler, ein Autodidakt, gilt als Meister der naiven, aber dabei doch hintergründigen, einfallsreichen und gar nicht niedlichen Katzenporträts. Der andere ist der britische Cartoonist Ronald Searle. Er erzählt uns mit seinen struppigen, pelzigen Wesen Geschichten aus der Welt der Menschen. Und sein kätzisches Personal gibt sich eher widerborstig und ungezogen als niedlich und gefällig.

Und dann gibt es noch – quer durch die Jahrhunderte – die unzähligen Katzenliebhaber unter den Malern, die ihre Muse und die Familienidylle mit Hausgenossen immer wieder im Bild festhielten. Leonardo da Vinci muss man da nennen, Auguste Renoir und Édouard Manet, Paul Klee und Ernst Ludwig Kirchner, Joan Miró, Franz Marc und Pablo Picasso sowie den Pop-Künstler Andy Warhol. Sie und noch viele mehr liebten die Katzen und waren ihrem geheimnisvollen Wesen ständig auf der Spur.

Bezaubernde lyrische Impressionen von Katzen und Landschaften sind in den Büchern enthalten, die Almut Gernhardt (Bilder) und Robert Gernhardt (Geschichten) geschaffen haben.

# *Von* **Männern** *und Katzen*

Bei einer Umfrage unter Single-Männern, warum sie mit einer Katze leben, war die häufigste Antwort: „Sie leistet mir Gesellschaft, ohne mich ständig zu beanspruchen."

Exkanzler Helmut Kohl hat eine, die Politiker Norbert Blüm, Heiner Geißler und Bill Clinton lieben Katzen. Maler, Schriftsteller oder Schauspieler, beispielsweise Claus Theo Gärtner, sind bekennende Katzenfans. Für viele Männer jedoch – das darf man getrost annehmen – ist die Katze in erster Linie das Familientier. Von der Frau gefüttert, Spielkamerad der Kinder und abends zärtlicher Schmusepartner im Fernsehsessel. Der Sozialforscher Reinhold Bergler hat das in seiner Untersuchung über das Verhältnis von Mensch und Katze bestätigt.

Leben Männer aber allein, rückt die Katze für sie oft an erste Stelle. 1,3 Millionen männliche Singles haben eine Katze. Etwa jeder Vierte davon versorgt gleich zwei oder mehr Stubentiger. Gerade die berufstätigen Katzenbesitzer, das sind rund 75 %, sind glücklich, wenn sie beim Heimkommen freudig begrüßt werden, anstatt eine leere Wohnung zu betreten. „Mein Kater Pierrot wartete immer hinter der Tür auf mich, legte sich nicht schlafen, bevor ich heimgekehrt war", berichtet schon der französische Literat Théophile Gautier von seinem Kater.

„Sie hat natürlich mehr Ansprüche an mich als ich an sie. Ich bin der Futtergeber und der Toilettenwart, der Fellstriegler und der Türöffner, eigentlich bin ich der Angestellte meiner Katze – aber was heißt hier überhaupt noch meine, ich bin ganz der ihre."
*Peter Rühmkorf, Schriftsteller*

Für Männer sind laut Reinhold Bergler Katzen „zärtlich-sympathische Spielkameraden", mit denen sie reden und schmusen können. Durch eine Katze erhalten sie sozusagen einen Nachhilfekurs in Sachen verkümmerter Fähigkeiten. Die Verhaltensforscherin Erika Friedmann erklärt das so: „Männer haben größere Schwierigkeiten beim Geben und Nehmen von körperlichen Kontakten. Aber sie haben überhaupt keine Hemmungen, ihre Katze zu streicheln." Bergler sieht den Grund dafür darin, dass dieser Kontakt, das Streicheln und Schmusen von Mensch und Katze, in keiner Weise tabuisiert ist. So könnten Männer Gefühle entwickeln und sie ausleben. Die Katzentiere als Trainingspartner für eine glückliche zwischenmenschliche Partnerschaft? Von Frauen, die sich einen „Katzenmann" geangelt haben, wird dies bestätigt.

Manche Männer bleiben allerdings lieber nur ihrer Katze treu. So schätzte der britische Admiral Lord Nelson seine Schiffskatze mehr und streichelte sie häufiger als seine junge Frau. Die eifersüchtige Lady war unversöhnlich und ließ sich schließlich scheiden. Der Kino-Altmeister Stanley Kubrick soll in den letzten Jahren seines Lebens sehr menschen- und berührungsscheu gewesen sein. Und er duldete nur noch die Nähe seiner vierbeinigen Katzenfreunde.

1 In Deutschland haben rund 25% der Singles mit Katzen mehr als eine.

2 Nach einer Studie der Uni Bonn halten sich allein lebende Männer mit Katzen für temperamentvoll, aufgeschlossen und gesellig.

# Märchenhafte Katzen

1

Es war einmal ... eine Katze oder ein Kater ... die Emanzipation wurde bei beiden noch nie infrage gestellt. Wenngleich es sich in einem der ältesten Katzenmärchen um einen Kater handelt. Und zwar geht es um den Gestiefelten Kater.

Er ist ein kleiner Schwerenöter, von höfischer Eleganz, obwohl er aus dem Volk stammt. Seine einfache Herkunft hat er zwar nie geleugnet, aber bald abgestreift, erfolgsorientiert, psychologisch raffiniert, immer ein wenig am Rand der Wahrheit – ein Selfmademan reinsten Wassers.

Man las erstmals von ihm um 1696, als in Frankreich die Volksmärchensammlung „Contes de ma mère l'oye" von Charles Perrault mit der Erzählung „Le chat botte" herauskam. Der deutscheste aller Kater – eigentlich ein Franzose!

In Deutschland taucht der Gestiefelte Kater erst 1812 in der Märchensammlung der Brüder Grimm

Märchen, in denen Katzen eine Rolle spielen, gibt es in allen Kulturkreisen der Erde. Manche sind in der Thematik auf das jeweilige Land bezogen. „Der gestiefelte Kater" (hier in einer Darstellung von 1907) ist in fast jeder Sprache zu lesen – die 319. Ausgabe wurde in Esperanto gedruckt.

**1** Russische Variante: „Der Kater von Kasan“ (Anfang des 18. Jh.)

**2** „Der Gestiefelte Kater“: Hochzeit des Handwerksburschen mit der Prinzessin (Schulwandbild um 1907)

2

auf. Und in der Biedermeierzeit brachte ihn Ludwig Tieck in einer satirischen Komödie auf die Bühne.

Aber der Gestiefelte Kater blieb nicht allein im Märchenland. Katzen sind überall dabei, wo es etwas Wundersames zu berichten gibt, und sie sind international vertreten: im Team der Bremer Stadtmusikanten, ebenso bei Wilhelm Hauff in „Der kleine Muck“, in den Abenteuern von „Alice im Wunderland“ des Engländers Lewis Carroll oder in dem japanischen Märchen „Der Wink mit der Pfote“, wo eine Katze zwei Liebenden hilft.

Den Kater Murr gab es wirklich. Er lebte von 1818 bis 1821 bei dem Dichter E. T. A. Hoffmann, der ihm mit seinem Roman „Die Lebensansichten des Katers Murr“ (1820–1822) ein Denkmal gesetzt hat. Hoffmann berichtete einem Freund vom Tod seines Katers. Er selbst hat ihn nur um ein halbes Jahr überlebt.

Märchen üben nach wie vor eine große Faszination aus und den Katzen kommt darin oft eine Doppelrolle zu: Sie sind die Guten, die Helfer und Freunde der Menschen, aber sie gehen auch schlau und trickreich im Durchsetzen ihrer Interessen vor. „In meinen Adern glüht die Flamme uredler Katzheit; ich sprühe vor Mut. Ich stamme vom Stamme des großen Hinze, vom Gestiefelten Kater – und ich bin dir gut“, sagt Tiecks Kater Hinze.

Und dem studierten Kater Murr, einem „wahren Katzbursch“, gestattet E. T. A. Hoffmann sogar eigene Erzählungen: „Gedanke und Ahnung oder Kater und Hund“ und „Über Mausefallen und deren Einfluss auf Gesinnung und Tatkraft der Katzheit“.

# **Miau** – *ein Wort für alle Fälle*

Ein Vogel im Freien, hinter der Fensterscheibe für die Wohnungskatze unerreichbar, veranlasst das Tier zum so genannten Schnattern. Mit nur leicht geöffnetem Maul bewegt die Katze den Unterkiefer schnell auf und ab. Bei großer Erregung lässt sie dabei ein Keckern hören. Dieses Verhalten ist für Wissenschaftler bis heute unerklärlich.

Es gibt die verschiedensten Arten, Miau zu sagen. Wer eine Katze hat, kann bald genau unterscheiden, was sein Liebling von ihm will. Leise und zärtlich kann das Miau klingen, knapp und fordernd, laut protestierend oder jämmerlich klagend. „Mach die Tür auf, ich will raus (oder rein)", versteht der Mensch genauso wie: „Der Futternapf ist leer, und ich habe Hunger", „Komm, spiel mit mir", aber auch: „Lass mich in Ruhe" und „Aua, du tust mir weh" – ein schrilles Miau als Hilferuf!

In der Kommunikation zwischen Katze und Mensch hat sich die Miau-Sprache bestens bewährt. Obwohl sie – aus Katzensicht gesehen – eher eine Babysprache ist, in der sich Katzenmütter mit ihrem Nachwuchs unterhalten: beruhigen, rufen, ermuntern, schelten, warnen – alles ist möglich.

Zur Kommunikation mit Artgenossen in der freien Wildbahn haben die Tiere darüber hinaus ein ganzes Arsenal an Äußerungsmöglichkeiten parat, die auch im Überlebenskampf und beim Paarungsverhalten eingesetzt werden.

Nach Ansicht von Verhaltensforschern werden domestizierte Katzen nie richtig erwachsen. Sie akzeptieren ihren Menschen als eine Art Übermutter, mit der sie sich ihr Leben lang nach Kleinkindmanier verständigen. Und die Menschen haben nichts dagegen. Im Gegenteil. Miauen gehört zum erfolgreichen Image des Schmusekätzchens. Paul Leyhausen vermutet sogar, dass Katzen mit vertrauten Artgenossen einen eigenen Miau-Dialekt entwickeln, sozusagen eine Geheimsprache, die nur sie verstehen – und ihre Menschen-Familie ebenso.

Katzen können verschiedene Warnlaute abgeben. Fauchend signalisieren sie ihrem Gegner: Komm bloß nicht näher! Die Katze bläst ihm die mit Druck ausgestoßene Luft ins Gesicht. Das unterstreicht wirkungsvoll die Warnung. Wenn sie knurrt, dann ist sie angriffsbereit.

Es gibt Katzen mit schauspielerischen Fähigkeiten, die als besonders wirkungsvolle Ansprache ihres Menschen das stumme Miau kultiviert haben. Mit einem Gesichtsausdruck, der Steine erweichen könnte, bewegen sie nur das Maul, ohne dabei einen Laut von sich zu geben. Bei dieser Mimik schmilzt jeder Widerstand wie Schokolade in der Sonne.

Typisch für die Katze ist auch das Schnurren. Schmusen mit dem vertrauten Hausgenossen, Kraulen an den Lieblingsstellen – da schnurrt die Katze vor Wohlbehagen. Katzenbabys signalisieren so ihrer Mutter, dass alles bestens ist.

Bei älteren Katzen ist der stimmlose Laut meist ein Ausdruck von Zufriedenheit. Schnurren kranke Tiere, zeigen sie damit an, dass sie sich schwach fühlen. Weil sie sich nicht wehren können, wollen sie mit dieser Äußerung möglichen Gegnern ihre friedlichen Absichten signalisieren. So macht es auch eine überlegene Katze, wenn sie ein im Rang niedrigeres Tier zum Spielen auffordert.

1

1 Miau-Töne macht die Katze in allen Variationen. Wer genau hinhört, kann sie unterscheiden.

2 Alles Miau oder was? Katzen können sehr gesprächig sein.

2

# **Musen** – *Schriftsteller und Katzen*

„Wer mit Katzen spielt, muss auf einen Kratzer gefasst sein.“ *Miguel de Cervantes (1547–1616), spanischer Dichter, Verfasser des „Don Quijote“*

Es ist bemerkenswert, dass die schärfsten Zeitkritiker, die in ihren Schriften den Mitmenschen die Krallen zeigten, der Faszination der Samtpfoten erlegen sind. Der Schriftsteller Kurt Tucholsky beispielsweise, der auch unter den Pseudonymen Peter Panter und Theobald Tiger schrieb, war einer von ihnen.

Schneeweiß und Löwenkind hießen zwei Katzen des „Steppenwolf“-Autors Hermann Hesse. Der Amerikaner Mark Twain („Tom Sawyer“) hatte zehn, Ernest Hemingway lebte mit zahlreichen Katzen in seinem Haus in Key West, Florida. Noch heute kann man hier deren Nachkommen antreffen, die alle eine Besonderheit aufweisen: Sie haben sechs statt fünf Zehen. Ebenso ist Erich Kästner, der vor allem mit Kinderbüchern Bekanntheit erlangte, nicht allein durch „Pünktchen und Anton“ berühmt geworden, sondern auch wegen seiner Liebe zu Katzen, die ihm sein ganzes Leben treue Gefährten waren.

„Wenn ich mit meiner Katze spiele, wer weiß, ob sie sich nicht mit mir mehr amüsiert als ich mich mit ihr?“ *Michel de Montaigne (1533–1592), französischer Philosoph und Schriftsteller*

Als der britische Schriftsteller Aldous Huxley einmal von einem ehrgeizigen jungen Mann und angehenden Dichter nach dem Geheimnis seines Erfolges gefragt wurde, musterte er nachdenklich sein Gegenüber und antwortete: „So, du willst also Schriftsteller werden. Gut, dann solltest du dir als Erstes eine Katze anschaffen.“

Katzen waren und sind noch heute Wegbegleiter der Unsterblichen. Sie sind die schnurrenden und viel geliebten Musen der Schriftsteller und Dichter. „Das Leben und dazu eine Katze, das gibt eine unglaubliche Summe, ich schwörs euch“, bekannte der Lyriker Rainer Maria Rilke seine Zuneigung. Und der französische Literat Théophile Gautier, Weg-

**1** Erich Kästner und Lollo – ein Selbstporträt vorm Spiegel. Der Satiriker und Kinderbuchautor hielt sein Leben lang Katzen.

**2** Jean Cocteau mit seiner Siamkatze (Foto von 1952)

bereiter des Parnasse, eines französischen Dichterkreises, schrieb über seinen Hausgenossen, den Kater Pierrot: „Die Katze ist ein philosophisches Tier. Sobald ich zur Feder griff, sprang Pierrot auf meinen Schreibtisch, studierte mit gespannter Aufmerksamkeit, wie der kleine Metallschnabel das Papier vollkritzelte, und drehte bei jedem Zeilenanfang den Kopf mit. Mitunter wollte er mir sogar die Feder aus der Hand nehmen, um selbst zu schreiben. Denn er war eine schöngeistige Katze."

Die Liste berühmter Literaten und Katzennarren ließe sich beliebig fortsetzen. Die englischen Romanautorinnen Charlotte und Emily Brontë gehören dazu, Heinrich Heine, Patricia Highsmith oder die Kinderbuchautorin Christine Nöstlinger. Der engagierte Essayist und Zeitkritiker Axel Eggebrecht (1899–1991) hat für das Phänomen Katzenmuse die folgende Erklärung abgegeben: „Katzen und Dichter sind die eigentlich klugen Realisten. Sie durchschauen den Wahnwitz, die krankhafte Unwirklichkeit der so genannten Tatsachenwelt."

„Ich habe die Philosophen und die Katzen studiert, doch die Weisheit der Katzen ist letztlich um ein weites größer."
*Hippolyte Taine (1828–1893), französischer Gelehrter*

# Mutter Katze – *Kreißsaal im Karton*

Kätzinnen sind überzeugte Alleinerziehende. Denn nach seinem kurzen und kratzbürstigen Liebesabenteuer muss sich der Kater trollen. Vorher hat er zum Abschied noch ein paar kräftige Ohrfeigen von der Kätzin eingefangen – jetzt wird er nicht mehr gebraucht. Die werdende Mutter macht alles allein, und der Mensch schaut zu. Bald merkt er seiner Katze an, dass sie immer rundlicher wird. Und schon ist die werdende Mutter in der fünften Woche (beim Menschen wärs der sechste Monat).

Die Zitzen der Katze sind jetzt fest und rosig geworden, und das Gewicht der Schwangeren steigt mit jeder Woche um etwa 400 Gramm. Drei Wochen vor der Geburt, die in der Regel 63 bis 67 Tage nach dem Deckakt zu erwarten ist, fühlt man im Katzenbäuchlein schon die Babys. Und manchmal kann man sogar sehen, wie die Kleinen sich bewegen und strampeln. Dass die Geburt naht, merkt man außerdem daran, dass die werdende Mutter zunehmend unruhig wird. Sie inspiziert Schränke und abgelegene Plätze auf der Suche nach einem geeigneten

1 Katzen gelten als vorbildliche Mütter, ...

2 ... und sie versorgen ihre Kleinen allein.

3 Alles, was ein Kätzchen kann, hat es von seiner Mutter gelernt. Sie wendet viel Geduld bei der Erziehung auf.

In den ersten 18 Tagen wird der Embryo (1) über den Dottersack versorgt.

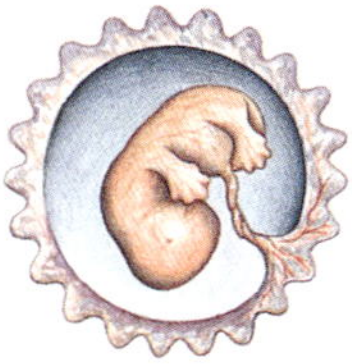

Später wird der Embryo über die Nabelschnur von der Plazenta ernährt.

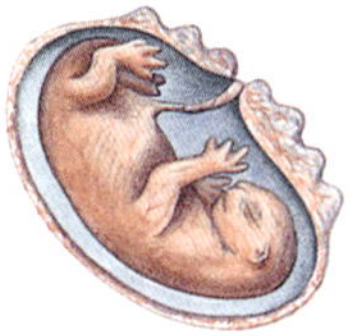

In der neunten Woche bilden sich die Knochen des Katzenembryos.

Wochenbett. Jetzt ist es an der Zeit, der Katze ein geeignetes Wurflager einzurichten. Am besten ist dazu ein Korb oder eine Kiste geeignet, in der die Katze ausreichend Platz hat, damit sie während der Geburt die Pfoten ausstrecken und sich gegen einen Widerstand stemmen kann. Legen Sie ein festes Kissen hinein und darüber eine dicke Lage Zeitungspapier sowie saubere Baumwolltücher, vielleicht ausrangierte frisch gewaschene Geschirrtücher. Eine ruhige Stelle – am besten im Halbdunkeln – ist ein guter Standplatz für das Lager.

Eine Katze, die ihre Jungen stillt, braucht viel Futter. Es ist empfehlenswert, ihr mehrere Mahlzeiten am Tag zu geben. Man kann dem Tier auch zusätzlich Vitaminpräparate verabreichen. Am besten, man fragt den Tierarzt um Rat.

Bei der Geburt braucht man der Katze nicht zu helfen, aber es wird sie beruhigen, wenn ihr Mensch dabei ist. Die Jungen kommen etwa im Zwei-Stunden-Rhythmus. Ist der Ablauf normal – und das ist die Regel –, kann man alles getrost der Katze überlassen. Sie beißt die Eihülle durch, trennt die Nabelschnur ab, frisst die Nachgeburt auf und leckt dann ihre Babys sauber. Diese erste Kontaktaufnahme dient der Geruchsübertragung zum Wiedererkennen.

Wenn die Katze mit den Kleinen etwas ruppig umgeht, keine Sorge! Das tut sie, damit die Katzenbabys maunzen und Luft in die Lungen kommt – wie beim Klaps auf den Po für Menschenbabys.

## **Mythologie** – *Katzen und Götter*

Bereits in frühen Zeiten, als die Menschen viel enger mit der Natur lebten als heute, ihrem Götterglauben eine große Furcht vor deren Urgewalt zugrunde lag, besaß die Katze schon eine große Faszination und Ausstrahlungskraft. Aufgrund ihrer besonderen Eigenschaften wurden ihr durch die Jahrhunderte in den verschiedenen Kulturen unterschiedliche Symbolfunktionen zugewiesen. Der Kulturhistoriker Oldfield Howey zählt diese scheinbar widersprüchlichen Aspekte auf, wenn er die Katze als „ein Symbol für Gut und Böse, für Licht und Dunkel, für Christus und Satan, für Religion und schwarze Magie, für Sonne und Mond, für Vater, Mutter und Kind" bezeichnet.

Der Ursprung der Katzenverehrung liegt wohl im alten Ägypten, wo die Göttin Bastet im Mittelpunkt eines ausgeprägten Katzenkults stand (siehe Bastet). In Indien schätzten die Brahmanen die Katzen wegen ihrer Reinlichkeit und ihrer rührenden Liebe zu ihren Jungen. Die Göttin Sasthi beschützte Mütter und Kinder während der ersten Lebensjahre. In indischen Mythen wird diese Göttin häufig auch auf einer Katze reitend beschrieben.

Schon vor 3000 Jahren wurden Katzen in indischen Sanskritschriften erwähnt. Bei den Hindus gehörte es zum Essritual, die Katzen am Tisch zu füttern.

Die Griechen hatten ebenfalls eine enge Beziehung zu Katzentieren: zum Panther als Symbol des Muts und Trotzes und zum Luchs als dem Tier des Lichts, das dem Gott Apollon zugeordnet war. Artemis, die Schwester des Apollon, soll die Katze erschaffen haben. Die Göttin der Fruchtbarkeit und der Jagd hat den Menschen damit etwas geschenkt, das ihnen nahe war, das sie als Wunder der Schöpfung verehren konnten. So verwandelte sich Artemis sogar in eine Katze, um den Göttern im Kampf gegen die

Titanen besser helfen zu können. Die Katze war Sinnbild für unbezähmbare Lebensfreude, für den ewigen Sieg des Lebens über den Tod. Der griechischen Naturgöttin Artemis entsprach in der römischen Welt die Göttin Diana.

Bei den Germanen stand Freya für den Neuanfang. Die Göttin der Liebe, Schönheit und Fruchtbarkeit flog in einem von zwei Wildkatzen gezogenen Wagen durch die Wolken. Ihre beiden Katzen – männlich und weiblich – symbolisierten die Liebe, ohne die es kein Leben gibt. Sie standen aber auch für Hell und Dunkel und für Wachsen und Schwinden des Mondes. Wie ihre Herrin sollen auch sie zwei Seelen gehabt haben: anhänglich und liebevoll die eine, wild und rachsüchtig im Zorn die andere.

Im Mittelalter wurde den Katzen ihre Nähe zu den Urkräften der Natur schließlich zum Verhängnis. Als in Europa die Hexen verfolgt wurden, verteufelte man auch die Katzen als Hexentiere, und viele fanden auf dem Scheiterhaufen den Tod.

1

1 In Indien schätzte man die Katzen wegen ihrer Reinlichkeit.

2 Für ihr Mutterliebe wurden Katzen in frühen Kulturen hoch verehrt.

2

# **Namen** – *von Socks bis Taki*

Katzen geht es wie Menschen, auch sie können sich ihren Namen nicht aussuchen, sie müssen damit leben. So hieße vielleicht manch ein schnurrhaariger Peter lieber Porphy – dies der Name einer der Katzen des Schriftstellers Hermann Hesse.

Aber Peter ist die Nummer eins auf der Hitliste der Katzennamen. Peter mit Variationen: Peterle, Peer oder österreichisch Pepi. Dann folgen Minka und Minki, Mohrchen und Mohrle, Miezi und Mieze (so ruft Exkanzler Helmut Kohl seine Katze), Musch und die auch sehr beliebte Muschi. Auf der Bestsellerliste folgen die Namen Max (Moritz werden meist Hunde genannt), Felix und die eher einfallslosen Benennungen Katze oder Kater. Der prosaische Name Kater machte sogar Filmgeschichte: In „Frühstück bei Tiffany" heißt die Katze von Audrey Hepburn alias Holly Golightly so. Sie schubst das Tier

In den „lustigen Geschichten und drolligen Bildern" für Kinder, dem „Struwwelpeter" von Heinrich Hoffmann, heißen die Katzen Minz und Maunz. Hier beweinen sie den Tod von Paulinchen: „... ein Häuflein Asche bleibt allein und beide Schuh', so hübsch und fein. Und Minz und Maunz die kleinen, die sitzen da und weinen ..."

1 „First cat“ Socks. Die berühmteste Katze des 20. Jh.s mit ihrem Präsidenten Bill Clinton

2 Der gestiefelte Kater hieß eigentlich Hinze (Zeichnung: Eugen Osswald, 1913).

im Morgengrauen in New York auf der Fifth Avenue aus dem Taxi und nimmt es an der nächsten Mülltonne unter Tränen wieder in die Arme.

Katzen können aber auch große Namen wie Hannibal haben oder ganz einfach Frau Müller heißen. Humphrey nannte die ehemalige englische Premierministerin Margaret Thatcher ihren Kater. Vielleicht nach dem amerikanischen Schauspieler Humphrey Bogart? Winston Churchill rief seinen Kater Jock. Die Erlebnisse des schwarz-weißen Katers von Bill und Hillary Clinton im Weißen Haus in Washington, Socks gerufen, gingen durch die Weltpresse. Große Namen und die ihrer Katzen: Scipio (Mark Twain), Tobermory (Jean-Paul Sartre), Lollo (Erich Kästner) und Taki (Raymond Chandler).

Doris Lessing, die im „Katzenbuch“ über ihre Erlebnisse mit Katzen berichtet, nennt die Hausgenossen nur nach dem Aussehen: die Graue und die Schwarze.

Lollo und Taki sind vorbildliche Katzennamen, weil sie zwei Silben und am Ende einen Vokal haben. Ideal ist es auch, wenn der Name zwei i-Laute enthält. T. S. Eliot ging sogar so weit zu behaupten, dass Katzen eigentlich drei Namen hätten: einen für den täglichen Gebrauch, einen, der ihnen gefällt, und einen dritten, den nur die Katze selbst kennt.

1

## **Orientierung** – *der Weg nach Hause*

Auch eine Theorie: Eisenpartikel im Katzengewebe sollen für das Heimfindevermögen zuständig sein. Versuche haben gezeigt, dass Katzen auf das Magnetfeld der Erde reagieren und schwächste Vibrationen wahrnehmen können. Testkatzen, denen man Magneten umband, waren orientierungslos.

Was den Orientierungssinn und das Heimfindevermögen von Katzen betrifft, gibt es die erstaunlichsten Beispiele und Geschichten. Folgendes erlebte ein amerikanischer Tierarzt mit seinem Kater: Der Arzt war von New York an die Westküste der USA umgezogen. Er ließ den Kater in seiner alten Umgebung bei den Wohnungsnachfolgern zurück. Monate später tauchte in San Francisco ein Tier auf, das aussah wie sein Kater. Und der sprang auch sofort auf seinen alten Lieblingssessel. Der Tierarzt traute seinen Augen nicht. Sollte das Tier ihm quer durch Amerika gefolgt sein? Um sicherzugehen, suchte er am Schwanz nach einer alten Verletzung – und er konnte diese Stelle fühlen.

Einer französischen Familie ist das Gegenteil passiert. Sie zog über 250 Kilometer weit weg von ihrem alten Wohnsitz. Ihre beiden Katzen nahm sie mit. Offensichtlich gefiel der einen der neue Wohnort nicht, und nach neun Tagen tauchte sie zur Verblüffung der ehemaligen Nachbarn wieder in ihrer alten Heimat auf. Bei ihrer Tour hatte sie mehrere Flüsse, einschließlich der Loire, überquert.

Für das Phänomen des Heimfindevermögens bei Katzen haben die Wissenschaftler unterschiedliche Erklärungen. In Deutschland unternahmen zwei Zoologen der Universität Kiel einen Versuch, um diese Fähigkeit zu ergründen. Sie brachten mehrere Tiere einige Kilometer weit weg von ihrem Zuhause und setzten sie dort in ein Labyrinth, dessen Ausgänge in die vier Himmelsrichtungen führten. Jede der Versuchskatzen wählte den Ausgang direkt in die Richtung ihres Heims.

**1** Siamkatze unterwegs

**2** Katzen finden fast immer nach Hause zurück.

**3–4** Ihr Außenohr kann die Katze um 180 Grad drehen und so Geräusche optimal aufnehmen.

2

3

4

Mit 27 Muskeln können die Katzenohren einzeln und unabhängig voneinander wie Radarschirme in jede gewünschte Richtung bewegt werden.

Der amerikanische Tierarzt und Verhaltensforscher Michael Fox glaubt, dass Katzen sich an der Sonne orientieren: Wie die Brieftauben habe auch die Katze eine innere Uhr, die auf die Zeit ihres Heimatortes eingestellt sei. Sei die Katze von ihrem Zuhause entfernt, differiere die Position der Sonne von dem, was ihr die innere Uhr anzeige. Um nach Hause zu gelangen, gehe die Katze deshalb in die Richtung, in der sich Sonnenstand und innere Uhr annäherten. Deckten sich diese Faktoren wieder, habe die Katze in ihre Heimat zurückgefunden.

Für das gleiche Phänomen hat der Verhaltensforscher Paul Leyhausen eine ganz andere These aufgestellt: Er glaubt, dass die Katze die Geräusche ihrer Umgebung als Hörbilder gespeichert hat und sich daran orientiert. Wird sie viele Kilometer von ihrem heimischen Umfeld entfernt ausgesetzt, stellt sie neue „Berechnungen“ an, was Lautstärke, Tonmischungen und Entfernungen zu den ihr bekannten Geräuschen betrifft. Dank der ermittelten Werte, Leyhausen nennt es Leitstrahl, gelingt es Katzen, in ihr altes Heim zurückzufinden.

# Outdoor-Katzen – *immer unterwegs*

Er stellte das Gravitationsgesetz auf, erforschte das Prinzip von Ebbe und Flut, und er soll die Katzentür erfunden haben – Sir Isaac Newton. Das englische Universalgenie baute am unteren Rand einer Tür seines Hauses zwei bogenförmige Durchschlupfe ein, einen großen für seine große Katze, einen kleinen für die kleinere – wobei die kleine Katze natürlich auch durch die große Tür ging ... Damit wollte Newton es seinen Lieblingen ermöglichen, dass sie jederzeit auf die Straße gehen konnten, ohne dass sie ihn bei der Arbeit störten und er ihnen die Tür öffnen musste.

Allerdings bestand damals, vor etwa 300 Jahren, für Katzen noch nicht die Gefahr, unter die Räder eines Autos zu geraten. Heute ist das Todesursache Nummer eins aller Hauskatzen, die ins Freie gehen dürfen. Und daraus ergibt sich schon die grundsätzliche Frage: Outdoor- oder Indoor-Katze?

Es besteht kein Zweifel, dass Katzen, die im Freien sein können, artgerechter leben und zudem

**1** Nichts wie raus!

**2** Landkatze: freies Leben mit Familienanschluss

**3** Für eine Stadtkatze kann Auslauf lebensgefährlich sein.

mehr erleben, als das bei einer Wohnungskatze der Fall ist – allerdings lebt diejenige, die mehr Freiheit hat, wahrscheinlich auch kürzer. Denn es ist statistisch nachgewiesen, dass Katzen, die nur im Haus sind, in behüteter Umgebung, fast immer ein recht hohes Alter erreichen. „Wenn man bei Katzen eine Umfrage machen könnte, ob sie ein freies, gefährliches, kurzes Leben einem eingesperrten, ereignislosen und langen vorziehen würden – ich glaube, sie würden die Ungebundenheit wählen", spekuliert die Katzenverhaltensforscherin Rosemarie Wolff. Ist die „ungebundene" Katze nicht kastriert, wird man jedoch mit unerwünschtem Nachwuchs zu rechnen haben. Unkastrierte Kater liefern sich häufig Rangkämpfe, was nicht ohne – teilweise schwere – Blessuren abgeht. Am meisten werden von Katzenbesitzern jedoch Tierfänger gefürchtet; tatsächlich ist es eine schreckliche Vorstellung, dass der vergnügt herumstreunende Liebling als Versuchstier enden könnte.

Wer seine Katze regelmäßig ins Freie lässt, sollte eine Katzentür einbauen. So kann das Tier – auch nachts – nach Belieben hinein und hinaus, ohne seinen Menschen stören zu müssen. Katzentüren sind im Fachhandel erhältlich.

Die Entscheidung, ob man seiner Katze die Freiheit gewährt oder sie in „Gefangenschaft" hält, ist schwer. Viele Katzenfreunde wählen für ihr Tier den Mittelweg. Sie gewähren ihrer Katze – falls es die Wohnsituation erlaubt – eine gewisse Freiheit, sozusagen mit Vollpension. Nach dem Motto des Katzenfreundes Erich Kästner: „Seien wir mal ehrlich, Leben ist immer lebensgefährlich." Manche Katzenhalter versuchen, ihr Tier an die Leine zu legen. Zur Gewöhnung streift man der Katze ein Gummibändchen über. Später führt man sie dann an der Leine oder dem Geschirr ins Freie – je nach Charakter der Katze kann das sogar gelingen.

# **Perser** – *beliebte Langhaarkatzen*

Königliche Trendsetterin: Als Queen Victoria sich 1889 einen blauen Perserkater in den Buckingham Palace holte, wollte jeder Engländer auch eine solche Katze haben.

In Londons noblem Stadtteil Kensington hat das Naturhistorische Museum seinen Sitz. Eines der dort ausgestellten und am meisten bewunderten Exponate ist eine ausgestopfte Katze. Es handelt sich um den Kater Silver Lambkin. Sein Fell ist fast schneeweiß, die Haarspitzen sind schwarz.

Silver Lambkin war nicht nur der erste Chinchillaperser, der in England geboren wurde, sondern er war wohl auch einer der attraktivsten Kater seiner Rasse. Was ihn zu etwas Besonderem machte, war seine prächtige Halskrause. Der Prachtkater wurde auf der Katzenausstellung im Londoner Crystal Palace im Jahr 1888 zum Champion gekürt. Hier präsentierten damals auch Prinzessinnen und Herzoginnen ihre gepflegten Lieblinge. Als „Säule des Chinchilla-Zuchtbuchs“ ging Silver Lambkin in die Geschichte ein. Er starb im Alter von 17 Jahren.

1 Perserkatzen sind die beliebtesten Langhaarkatzen in Deutschland.

2 Variante: Schildpatt und Weiß (Calico)

3 Die kräftigen roten Perser strahlen Ruhe aus und sind als liebevoll, gutmütig und sanft bekannt.

Für einen seiner Nachkommen, den Perserkater Lord Southampton, wurde 1894 die enorme Summe von 60 Pfund Sterling bezahlt – dafür musste damals ein Bankangestellter ein ganzes Jahr arbeiten. Heute zahlt man für Perserkatzen zwischen 600 und weit über tausend Mark, je nach Züchter und Stammbaum. Die Perser sind die berühmtesten Rassekatzen überhaupt und in Deutschland die beliebtesten Langhaarkatzen. Es gibt sie in 70 Farbvariationen von tiefem Schwarz über Rauchblau, Rot und Schildpatt bis hin zu einem schneeigen Weiß. Egal welche Farbe ihr Fell hat, pflegeleicht sind sie alle nicht. Die Katzen müssen täglich gekämmt und gebürstet werden, damit ihr dichtes, langes Fell nicht verfilzt. Und auch die immer leicht tränenden Augen, ein unliebsames Zuchtergebnis, müssen immer wieder gesäubert werden.

Wenn Sie sich für eine Perserkatze interessieren, wenden Sie sich an den Deutschen Edelkatzen-Züchterverband in Aßlar, Tel. 0 64 41/84 79, Fax 8 64 13. Hier bekommen Sie Adressen von Züchtern in Ihrer Nähe.

Der italienische Forscher Pietro della Valle brachte im 17. Jahrhundert einige sehr schöne weiße Tiere aus Persien mit nach Europa. Damals nannte man sie wie alle langhaarigen Katzen Angorakatzen, denn man glaubte, dass sie aus dem türkischen Ankara stammten, das früher Angora hieß.

Der Kopf von Persern ist rund, sie haben große Augen, ihr kleiner, kräftiger Körper ruht auf niedrigen Beinen. Der Schwanz ist dicht und buschig. Das lange, seidige Fell braucht sehr viel Pflege.

König Ludwig XV. von Frankreich besaß solch einen weißen Perserkater. Sein Hofstaat machte es ihm nach: Bald wollte jede Marquise, jeder Comte einen Perser haben. Seitdem gelten die edlen, eleganten Tiere als Aristokraten unter den Katzen.

Die französische Schriftstellerin Colette schreibt über ihren Perserkater Schah: „Er ist eine Katze, zart graublau wie der aufsteigende Rauch einer Zigarette und wie die silbrigen Blüten der Stranddistel ...“

1

# **Profil** – *der Katzenliebhaber*

Herr und Katze, das geht nicht zusammen! Eine Katze lässt sich nicht beherrschen und nur bedingt erziehen. Sie will sein, was sie ist, ein selbstbewusstes Wesen, das sich zu nichts zwingen lässt und das sich aber meist auch problemlos in den Haushalt integriert. Von solch einem Selbstbewusstsein träumt oft auch ihr Mensch, wenn er ein typischer Katzenmensch ist. Der amerikanische Tierarzt und Verhaltensforscher Michael Fox drückt es so aus: „Der Mensch hat in der Zivilisation seine Unabhängigkeit verloren. Er ist Gefangener der Konformität. In den Zwängen der Anpassung aber ist die Katze ein Stückchen Freiheit.“ Diese Erkenntnis hört sich einleuchtend an, auch wenn sie sich auf keine Statistik stützt.

Der Soziologe Reinhold Bergler hat in einer Untersuchung für die Universität Bonn herausgefunden, dass sich Katzenbesitzer im Vergleich zu den Menschen, die keine Katze haben, für wesentlich zärtlicher und ausgeglichener halten und auch häuslicher sind.

Die US-Forscher Aline und Robert Kidd haben ein wissenschaftliches Profil des typischen Katzenliebhabers erarbeitet. Dabei kamen sie zu dem Ergebnis, dass er seiner Katze wesensverwandt ist. Anders als der Hundebesitzer liebt er ein ruhiges Leben, er hasst Menschenansammlungen und laute Partys. Wie die Wissenschaftler feststellten, gibt es unter Katzenliebhabern zudem nur wenige „aggressive“ Männer und kaum „herrische“ Frauen. Selbstständigkeit und Unabhängigkeit haben unter dieser Personengruppe einen hohen Stellenwert.

Die Schriftstellerin Ricarda Huch (1864–1947) war eine erklärte Katzenliebhaberin. Ebenso der französische Schriftsteller Victor Hugo (1802–85), der seine Katze sogar porträtieren ließ.

Die amerikanischen Ergebnisse werden von einer Studie aus Deutschland bestätigt. Viele der Katzenbesitzer im Land glauben von sich, kontaktfreudig und tolerant zu sein, und sie halten sich für umgänglich. Das sind Charakterzüge, die bestimmt viele Menschen gern hätten ...

2

3

**1–4** Der Katzenmaler Max Raffler porträtierte sowohl Katzenliebhaber (oben) wie auch ihre Hausgenossen.

4

# **Politikerkatzen** – *hohe Tiere*

Katzen, auf deren Visitenkarte die Anschrift Washington, White House, oder London, Downing Street No. 10, stehen könnte, sind große Tiere – wie zum Beispiel die Politikerkater Humphrey in Großbritannien und Socks in den USA.

Der Kater Humphrey war 1989 Margaret Thatcher, damals britische Premierministerin, zugelaufen. Er wurde zum Maskottchen und Mäusejäger des Regierungssitzes in der Downing Street.

Wer im Rampenlicht steht, der ist auch gut für Schlagzeilen – Humphrey, dem ehemaligen Hauskater des britischen Regierungssitzes, erging es so. Zur Amtszeit von John Major will ein Bobby gesehen haben, wie der Kater „Richtung St. James's Park schlich und mit Entenfedern im Maul zurückkehrte". In der „Times" verteidigte ein Pressesprecher den Kater. Humphrey sei unschuldig, schlafe vielmehr den ganzen Tag, und daher könne er gar keine Enten fangen. Als Tony Blair zum britischen Regierungschef gewählt wurde, hatte er eigentlich nicht die Absicht, den schwarz-weißen Kater von seinem Vorgänger zu übernehmen. Doch als das bekannt wurde, ging ein einziger Aufschrei durch die eng-

**1** Der Kater Humphrey verlässt Downing Street No. 10.

**2** Famous political cat im Weißen Haus: Präsident Clintons Kater Socks gibt eine Presseerklärung ab.

lische Katzenbesitzergemeinde, die fast doppelt so groß ist wie die deutsche: „Kater Humphrey gehört in die Downing Street wie die Wachablösung zum Buckingham Palace!“, wurde gefordert. Sogar die Weltpresse berichtete über die Vorfälle in Downing Street. Und so durfte der Kater nach langem Hin und Her bleiben. Er hielt es aber nur ein halbes Jahr bei der Labour-Regierung aus, dann schickte ihn der Tierarzt aufs Land – wegen Problemen mit den Nieren.

Nach dem Geheimnis seiner Vitalität befragt, antwortete Winston Churchill: „Women, wine, good cigars – but no sports.“ Dabei vergaß er die Katzen, denn auch sie waren sein Lebenselixier.

Auch viele US-Präsidenten waren Katzenfreunde. Darunter Abraham Lincoln und Theodore Roosevelt, der Anfang dieses Jahrhunderts mit seinem Kater Tom Quartz (nach Mark Twain) ins Weiße Haus einzog – über fünfzig Jahre später brachten Bill und Hillary Clinton ihren Kater Socks mit nach Washington.

Raymond Poincaré, der im Jahr 1913 Präsident der französischen Republik wurde, bekennt in seinen Memoiren, dass die Angorakatze Gris-Gris eine wichtige Rolle in seinem Leben gespielt habe. Katzen, was beeindruckt Politiker an ihnen? Ist es ihre Unabhängigkeit, ihre Unbestechlichkeit? „Katzen sind wie Wähler, man muss sich ihre Sympathie jeden Tag neu erobern“, sagte Ex-Arbeitsminister Norbert Blüm über seine Katzen.

O. W. Fischer (geb. 1915), in den 50er-Jahren als Filmstar berühmt, lebte zeitweise mit bis zu 18 Katzen zusammen.

Auch Modeschöpfer lieben die von jeder Mode unabhängigen Tiere. So sagt Louis Féraud über seine Katze: „Sie ist mein Oberaufseher. Sie versteht es, zwischen Vergangenheit und Zukunft die Gegenwart auszugrenzen.“ Und der Schauspieler O. W. Fischer meinte zum Thema: „Ich lerne von Katzen mehr als von Goethe und Kant.“

# **Propheten,** *Heilige und Katzen*

Aischa, die Lieblingsfrau Mohammeds, klagte einst traurig, als sie in den Verdacht der Untreue geraten war: „Alle haben sie mich verlassen – selbst die Katze ...“

Von Mohammed, dem großen Propheten und Begründer des Islams, wird berichtet, dass er einst neben seiner Katze Muessa in der Abendsonne meditierte. Währenddessen schlief das Kätzchen friedlich in seinem Ärmel. Als die Stunde des Gebets nahte und der Prophet in die Moschee gehen wollte, mochte er seine Gefährtin nicht stören. Deshalb trennte er den Ärmel seines Gewands ab und ließ das Kätzchen darin weiterschlummern. Er schritt mit dem zerschnittenen Mantel fort.

An anderer Stelle ist zu lesen, dass Mohammed, der ein großer Freund der Katzen war, seine Muessa oft zärtlich streichelte. Und da alles, was der Prophet einmal berührt hat, so sagt es die Legende, vom Himmel beschützt wird, landen die Katzen nach einem Fall stets mit vier Pfoten auf der Erde.

Gautama Buddha empfand ebenfalls eine große Zuneigung zu den Katzen. Sie wurde allerdings von den Tieren überhaupt nicht erwidert. Als Beleg dafür wird die folgende Geschichte erzählt: Als der große Religionsgründer ins Nirwana eingehen sollte, waren die Tiere aufgerufen zu ihm zu kommen. Sie fanden sich alle ein, nur die Katze fehlte – sie war auf dem Weg dorthin eingeschlafen. Zur Strafe wurde sie aus dem Tierkreis gestrichen.

Bei Buddhas Tod sollen alle Tiere geweint haben, nur die Katze nicht. Als eine Maus etwas Öl aus einer Lampe naschen wollte, fing die Katze das kleine Tier. Buddha hatte jedoch ein Gebot erlassen, das besagte, dass kein Tier getötet werden durfte. In diesem Fall hat der Heilige der Katze verziehen – wahrhaft ein Zeichen buddhistischer Weisheit.

1 Siamkatzen – einst in Palästen daheim – leben in Thailand heute auch in ganz „normalen“ Verhältnissen: Opferstelle für einen Dämon.

2 Mönche vor einer Buddha-Statue. Der große Religionsstifter soll Katzen sehr gemocht haben.

Im Christentum wurden Katzen verfolgt. Manche Päpste mochten sie jedoch. Gregor I. wählte im Jahr 600 die Katze als Zeichen der Weisheit und Liebe. Als auf das päpstliche Postulat „Opfert euer Liebstes“ ein Wandermönch sein Kätzchen zu ihm brachte, da wehrte Gregor das Opfer ab, griff lächelnd in den Ärmel seines Gewands und zeigte seine eigene Katze.

Von Papst Leo XII. weiß man, dass er seine Katze Micetto sehr mochte. Als er starb, adoptierte der damalige französische Botschafter und Schriftsteller François Chateaubriand das Tier – so hatte es der Heilige Vater nämlich testamentarisch verfügt. Von der Meditation im Glauben zur sinnenfrohen Dichtkunst – Katzen sind flexibel.

# Qualifikation *mit Biss*

Der Forscher Eric Hurleys hat anhand des genetischen Fingerabdrucks nachgewiesen, dass unsere Hauskatzen direkte Nachfahren der Nubischen Falbkatze (Felis silvestris libyca) sind.

Der Hund und allerlei Vieh standen schon längst in den Diensten des Menschen; sie halfen ihm bei der Jagd, trugen Lasten oder lieferten ihm Milch und Fleisch. Katzen kannten unsere Vorfahren damals bestenfalls als Jagdbeute. Domestizieren – wozu? Als Nutztier schien der scheue Räuber völlig ungeeignet zu sein. Auch ein Versuch, das Tier zu zähmen, wäre wohl zum Scheitern verurteilt gewesen. Denn die Katze ist das einzige Haustier, das sich freiwillig auf ein Zusammenleben mit dem Menschen eingelassen hat – und das außerdem nach ihren eigenen Spielregeln.

Der Zeitpunkt, wann das geschehen ist, liegt allerdings im Dunkeln. Zwar fand man in Jericho (Israel) bei Ausgrabungen einen Katzenzahn, der bereits aus der Zeit um 9000 v. Chr. stammen soll, und auf der Insel Zypern (wo es keine heimischen Katzen gab) wurden Knochen von etwa 5000 v. Chr. ausgegraben. Doch der eigentliche Beginn einer Gemeinschaft von Mensch und Katze wird nach

1 Mosaik aus Pompeji: Fasane und Taube von einer Katze belauert.

2 Die scheuen Wüstenkatzen reagieren ängstlich auf jede Störung.

Das Wort „Katze" erscheint seit dem ausgehenden Altertum in fast allen europäischen Sprachen (vgl. altirisch „cat", spätlat. „catta, cattus", mittelgriech. „kátta" und russ. „kot"). Für seine Herkunft gibt es verschiedene Erklärungen: Es könnte sich aus einem nordgermanischen Lockruf für die Wildkatze entwickelt haben, ebenso aber auf ein nordafrikanisches Wort zurückgehen (vgl. nubisch „kadīs" = Katze).

Funden bei Harappa im Industal sowie am Nil auf die Zeit etwa um 4000 v. Chr. datiert.

Als die Ägypter in ihren ersten festen Siedlungen große Getreidespeicher errichteten, waren bald auch Ratten zur Stelle. Da kamen den Bauern die wilden Jäger, die es nicht nur unerschrocken mit den räuberischen Nagern aufnahmen, sondern auch die für den Menschen gefährlichen Giftschlangen auf Distanz hielten, sehr gelegen. Die Heimat der Nubischen Falbkatze war Afrika. Weniger scheu als andere, waren diese Tiere beeindruckt von dem reich gedeckten Tisch, den sie in der Nachbarschaft des Menschen vorfanden. Die Katzen vermehrten sich sehr rasch, und die sanftmütigeren unter ihnen blieben in der Nähe der menschlichen Siedlungen. Sie waren zutraulich, aber eigensinnig. Anfangs duldeten die Menschen die nützlichen Tiere nur, bei den Ägyptern wurde daraus aber bald eine große Verehrung (siehe Bastet). Als dann später phönizische Händler Katzen außer Landes schmuggelten, konnten sich diese im gesamten Mittelmeerraum und darüber hinaus verbreiten.

Auf den Schiffen von Händlern und Eroberern blieben die Tiere als Mäusejäger bis in unser Jahrhundert hinein unentbehrlich, und diese Schiffskatzen sorgten denn auch auf ihren Reisen um die ganze Welt dafür, dass die Nachkommen der Nubischen Falbkatze (fast) bis fast in den letzten Winkel der Erde als Hauskatzen Verbreitung fanden. Die Mäuse- und Rattenfänger wurden überall sehr geschätzt – als Retter der Ernte ebenso wie als Helfer im Kampf gegen die Pest.

1

# Rasse *und Klasse*

Viele Katzenfreunde sind mit einer ganz normalen Hauskatze zufrieden. Sie ist robust, anhänglich, intelligent, anschmiegsam, und keine sieht aus wie die andere. Es gibt sie in allen nur vorstellbaren Farbschattierungen: drei- oder zweifarbig, gestreift, getigert, gestromt oder völlig einfarbig. Und so vielfältig wie ihr Aussehen ist auch ihr Charakter. Der Hauskatze am nächsten – nur mit einem Stammbaum – kommt die Rasse Europäisch Kurzhaar. Denn ihre Vorfahren sind ganz „gewöhnliche" Hauskatzen gewesen, denen die Züchter über die Zeit klare Fellfarben und Fellmuster und einen eleganteren Körperbau eingekreuzt haben. Laien können die Hauskatze von einer Katze der Rasse Europäisch Kurzhaar meistens nicht unterscheiden.

Wer sich eine Rasse- bzw. Zuchtkatze zulegen möchte, sollte vorher wissen, dass Haltung und Pflege dieser Tiere einen wesentlich größeren Aufwand erfordern, als das bei „normalen" Hauskatzen der Fall ist.

Nun zu den Edelkatzen: Das sind Rasse- bzw. Zuchtkatzen, die einen langen Stammbaum voll klingender Namen vorweisen können. An erster Stelle der Beliebtheit unter den Langhaarkatzen stehen die Perserkatzen (siehe Perser). Unter den Rassen mit kurzen Haaren nehmen die Siamkatzen (siehe Siamesen) diesen Rang ein. Unter den weiteren etwa 40 Rassen sind in den letzten Jahren – was die Beliebtheit betrifft – zwei Katzenarten ganz groß herausgekommen. Das sind die Norwegische Waldkatze – ein prächtiges Tier, das durch seinen buschigen Schwanz und eine mächtige Halskrause beeindruckt – und die Maine Coon, ebenfalls eine Katze mit kräftigem Körperbau, die ebenfalls einen buschigen Schwanz sowie eine Halskrause trägt.

„Holen Sie sich eine Promenademischung aus dem Tierheim, denn diese Katzen sind meist widerstandsfähiger gegen Krankheiten und physisch belastbarer als Zuchttiere."
*Michael Fox, amerikanischer Tierarzt und Verhaltensforscher*

Diese beiden Rassen sind sich sehr ähnlich. Und das nicht ohne Grund. Auf Umwegen sind sich

2

1+3 Kennzeichen der Norwegischen Waldkatze: dichtes Fell und eine imposante Halskrause

2 Die Maine Coon, eine der ältesten Katzenrassen, gibt es als eigene Rasse nur in den USA.

3

nämlich zwei Südosteuropäer in Amerika begegnet. Die Wikinger brachten mit dem Schiff Angorakatzen aus der Türkei nach Skandinavien. Dort paarten sich die Angorakatzen mit den heimischen Kurzhaarkatzen und den Wildkatzen. Das Fell der Nachkommen wurde dicker, ein dringend benötigter Schutz in den eisigen nordischen Wintern; die Norwegische Waldkatze entwickelte sich. Später landete sie mit Walfänger- und Handelsschiffen in den Häfen des amerikanischen Bundesstaates Maine, wo sie auf die schon vorher importierten Angorakatzen traf – die Maine Coon wurde geboren. Dass es so gewesen sein könnte, meinen jedenfalls die Katzenforscher.

„Könnte man Menschen mit Katzen kreuzen, würde dies die Menschen veredeln, die Katzen aber herabsetzen."
*Mark Twain*

Die Maine Coon, ein urwüchsiges und imposantes Tier, kann bis zu 16 Kilo auf die Waage bringen. Sie liebt die Jagd, und – für Katzen eher ungewöhnlich – sie scheut kein Wasser. Diese Vertreterin der ältesten und einzigen Katzenrasse Amerikas zeichnet sich durch eine Mischung aus Eleganz und Wildheit aus – quasi ein gezähmter Wikinger.

Katzen ohne Stammbaum: Ungefähr 94 % der rund sechs Millionen Katzen, die in Deutschland leben sind Hauskatzen oder gehören der Rasse Europäisch Kurzhaar an.

# *Im* **Rausch** *der Düfte*

1

Viele Katzen sind Junkies, darüber besteht überhaupt kein Zweifel. Denn sie geben sich hemmungslos dem Rausch hin, wann immer sie etwas finden, was sie in diesen Zustand bringen kann. Katzenminze und Baldrian sind die Drogen, die sie in Ekstase versetzen können – jedenfalls was wir nach menschlichen Maßstäben darunter verstehen. Wenn Katzen erst einmal den Duft in der Nase haben, sind sie nicht mehr zu halten. Zuerst schnüffeln sie, dann beißen sie gierig in die Blätter, und bald schnurren sie wohlig und reiben sich völlig hingegeben ihr Fell mit dem Duftstoff ein, rollen sich wie wild auf dem Boden oder starren total verzückt ins Leere.

Baldrian übt eine große Anziehungskraft auf Katzen aus. Er wird auch Katzenwurzel, Hexenkraut und Tollerjan genannt.

Die Blätter der Katzenminze (Nepeta cataria) und des Baldrians (Valeriana officinalis) enthalten ätherische Öle (z. B. Nepetalacton), die im Riechzentrum des Großhirns psychedelische Reaktionen auslösen. Wenn die Katze daran schnüffelt, ist sie so high wie Menschen das bei einem LSD-Trip sind. Von schädlichen Nach- oder Nebenwirkungen, die bei menschlichen Drogenexzessen auftreten, hat man

2

**1** Katzenminze

**2–3** Der Duft mancher Pflanzen kann Katzen in einen Rauschzustand versetzen.

3

jedoch bei Katzen bislang noch nichts festgestellt. Nach zehn bis 15 Minuten ist der ganze Spuk schon wieder vorbei, und die Herrschaften gehen ihrer Wege, als wäre gar nichts gewesen.

Katzenminze lässt sich gut im Garten oder in einem Blumentopf aussäen. Doch sollte man die jungen Pflänzchen vor einer frühzeitigen stürmischen Eroberung durch die Katze schützen und sie erst gedeihen lassen.

Unter dem Einfluss des Duftes bestimmter Pflanzen zeigen sich manche der Hausgenossen, die sonst völlig ruhig sind, enthemmt wie im Liebesrausch. Deshalb haben die Wissenschaftler zunächst angenommen, dass die Wirkung der ätherischen Stoffe auf Katzen der eines Aphrodisiakums vergleichbar ist. Aber da Kater und Kätzinnen gleichermaßen reagieren – auch kastrierte Tiere – glaubt man heute, dass es sich dabei um einen waschechten Drogentrip handelt. Nicht jedes Tier reagiert übrigens auf diese Rauschmittel; in den ersten zwei Lebensmonaten meiden die Kätzchen sogar generell alle Pflanzen. Später aber scheiden sich die Geister. Und das ist genetisch bedingt: Knapp der Hälfte der Katzen sind diese Drogen völlig gleichgültig, die anderen flippen völlig aus, sobald sie nur die Witterung aufnehmen. Dieses Verhalten betrifft nicht nur unsere kätzischen Hausgenossen, sondern auch ihre wilden Verwandten wie Tiger, Löwen oder Leoparden. Von manchen dieser Samtpfoten sind Vorlieben für Basilikum, Tulpen, Koriander oder für bestimmte Parfumdüfte bekannt.

Ein ungelöstes Rätsel der Natur: Pflanzenstoffe, die Katzen bei äußerlicher Anwendung in Rausch versetzen, können, als Tropfen ins Futter gegeben, aufgeregte Gemüter beruhigen.

Findige Menschen nutzen diese Anfälligkeit der Katze für bestimmte Düfte: Wenn das Tier beispielsweise seinen neuen Kratzbaum gar nicht benutzen will und weiterhin das Sofa ruiniert, präparieren sie ihn mit Katzenminze. Dann nimmt ihn auch der eigensinnigste Liebling an – vielleicht!

## **Redensarten** – *Katzen in aller Munde*

Seit Jahrhunderten gibt es Redensarten in allen Sprachen der Welt, in denen die Katze vorkommt. Das „Deutsche Sprichwörter-Lexikon" von Friedrich Wilhelm Wanders nennt fast tausend davon.

Wenn sich Italiener nicht leiden können, sagen sie, dass sie „come cane e gatto" = wie Hund und Katze sind. Und auch in England ist man „like cat and dog", wenn man sich nicht riechen kann – wie im Deutschen.

Weitere Wendungen und Redensarten: Mit jemandem Katz und Maus spielen = jemanden hinhalten, eine fällige Entscheidung immer wieder hinauszögern. Bei Nacht sind alle Katzen grau = wenn es dunkel ist, kann man jemanden oder etwas nur schwer erkennen.

Mit der Wendung „die Katze im Sack kaufen" wird ausgedrückt, dass jemand für etwas bezahlt, was er vorher nicht gesehen (und geprüft) hat. Diese Redewendung geht auf eine alte Geschichte zurück, nach der einmal der Teufel hereingelegt worden sein soll. Es wurde ihm statt einer Katze (als Mäusefänger) ein dreibeiniger Hase im Sack verkauft. Auf Märkten hat man so früher gern betrogen. Statt des bestellten Ferkels oder Hasen drehte man dem Kunden eine Katze an, die damals als wertlos galt. Eine weitere Redewendung lautet: die Katze aus dem Sack lassen. Das bedeutet: etwas (meist Negatives) preisgeben, was man bisher verschwiegen hat. Die Angelsachsen sagen dazu: let the cat out of the bag.

Die Katze lässt das Mausen nicht: So wird jemand charakterisiert, der von habgierigem Verhalten oder auch amourösen Abenteuern einfach nicht ablassen kann. Und dann gibt es noch den berühmten Katzensprung, der beschreibt, dass etwas gar nicht weit entfernt, im Nu zu erreichen ist.

Es fällt auf, dass die Katze in der Sprache oft negativ besetzt ist – so auch in der Bezeichnung Katzengold, mit der etwas Wertloses, Unechtes abgetan wird.

1

Ratespiel mit Redensarten: Welche zeigen die Abbildungen?

**1** Die Katze im Sack kaufen oder die Katze aus dem Sack lassen

**2** Das ist ja nur ein Katzensprung!

**3** Und was ist bei Katzen noch sprichwörtlich? Ihre Neugierde!

2

3

# **Siamkatzen** – *von edelster Eleganz*

1

Die Siamkatze müsste heute eigentlich Thailandkatze heißen, weil Siam seit 1949 Thailand genannt wird. Angeblich stammt sie aus dem königlichen Palast von Bangkok. Dort lebten diese exotisch eleganten Schönheiten mit der geheimnisvollen Aura unter strengster Bewachung.. Ihr Erkennungszeichen war der abgeknickte Schwanz, der jedoch später von den Züchtern korrigiert wurde.

Merkmale der Siamkatze: schlank, hochbeinig, blaue Augen, große Ohren, kurzes, seidig glänzendes Fell. Die klassische Farbe ist Beige (cream) mit schwarzbraunen oder kaltblauen (bluepoint) Abzeichen. Die Tiere haben eine laute Stimme, was vielleicht nicht jedermanns Sache ist.

Wie dieser Knick im Schwanz einst entstanden ist, dazu gibt es eine hübsche Geschichte: Wenn sich die Thaiprinzessinnen zum Baden entkleideten, hängten sie ihre kostbaren Schmuckstücke über den Schwanz ihrer Lieblingskatzen, und diese hielten ihn dann leicht gekrümmt, damit die Preziosen nicht herunterfielen. Dieser Knick vererbte sich. Dem König von Siam waren seine Katzen sehr kostbar, und er hatte befohlen, dass keine den Palast verlassen durfte. Jedem, der es trotzdem wagen sollte, eine Katze hinauszuschmuggeln, drohte die Todesstrafe. Es galt daher als Zeichen höchster Gunst, wenn der König einem Gast eine Katze schenkte. Zu diesen Auserwählten gehörte der britische Generalkonsul Owen Gould, der vom König die Siamesen Pho und Mia erhielt. Gould nahm das Katzenpaar mit in seine Heimat, und es wurde 1871 auf der ersten Katzenausstellung im Londoner Crystal Palace als „Royal Siam Cats" der Öffentlichkeit präsentiert. Sie waren die ersten Siamkatzen in Europa. Damaliger Kommentar: „Ein unnatürliches Schreckgespenst von Katze" – inzwischen hat sich der Geschmack gewandelt.

Siamkätzchen werden weiß geboren, und nach fünf Tagen beginnen sich die Gesichtsmaske, die

2

**1** Chocolat-Tabby-Point-Siamkatze

**2** Aristokratin auf vier Beinen: die schlanke und hochbeinige Bluepoint

**3** Typische Rassemerkmale: schwarzbraun gefärbte Fellpartien

3

Ohren, Pfoten und die Schwanzspitze zu einem tiefen Schwarzbraun, den typischen Zeichen dieser Rassekatze, zu verfärben. Ihr kurzes Fell hat keine Unterwolle, ist fein und glänzend. Dadurch wird ihr geschmeidiger Körperbau noch betont. Ihre Augen sind von einem leuchtenden tiefen Blau. Heute ist der Kopf der Siamesen durch Züchtung flacher und keilförmiger als früher, ihr Körper schlanker und stromlinienförmiger geworden. Das Besondere an den Siamkatzen ist, dass diese edlen Tiere so brav an der Leine und bei Fuß gehen wie keine andere Katzenrasse.

Die äußerst intelligenten, sehr gelehrigen, lebhaften und verspielten Exoten sind ihrem Menschen treu ergeben, sie gehen sanft und geduldig mit Kindern um – sie sind wirklich echte Persönlichkeiten.

„Er hatte die Würde eines orientalischen Potentaten, aufrecht und in königlicher Haltung saß er da. Blaue Augen in einem dunkelbraunen Gesicht. Ein feines sandfarbenes Fell, neben dem ein Nerz zweitklassig aussah."
*L. J. Braun, Verfasserin von Katzenkrimis*

# **Sie oder er** – *Katze oder Kater?*

Schwarz, Weiß, Rot – zeigt das Fell einer Katze drei Farben, handelt es sich so gut wie immer um eine Kätzin. Kater kommen nur so bunt daher, wenn bei ihnen aufgrund eines seltenen Gendefekts zusätzlich zu X- und Y-Chromosom ein weiteres X-Chromosom vorhanden ist.

Wer den Wurf einer Katze in Ruhe beobachtet, wird feststellen, dass sich schon unter den winzigen Fellbündeln meist ein paar besonders wilde Draufgänger hervortun. Sie schubsen und raufen liebend gern, mögen gar nicht aufhören herumzutollen. Oft stellt sich bei näherer Betrachtung heraus, dass diese Mini-Rambos Kater sind – doch auch Katzenmädchen wissen sich zu wehren und können zuschlagen.

Wer eine Katze zu sich nehmen möchte, interessiert sich natürlich für ihr Temperament. Er überlegt vorher, wer passt besser in die Familie – Katze oder Kater? Bei beiden Geschlechtern gibt es temperamentvolle oder phlegmatische Typen, Einzelgänger und anhängliche Tiere, Raufbolde und Schmusekatzen. Manche Katzenkenner meinen jedoch, dass Kätzinnen meist zärtlicher sind, anschmiegsamer und eher die Nähe des Menschen suchten, während die Kater unabhängiger und rauflustiger seien. Andere Experten halten diese Kategorisierung für Unfug. Wenn Katze und Kater kastriert werden, was jeder

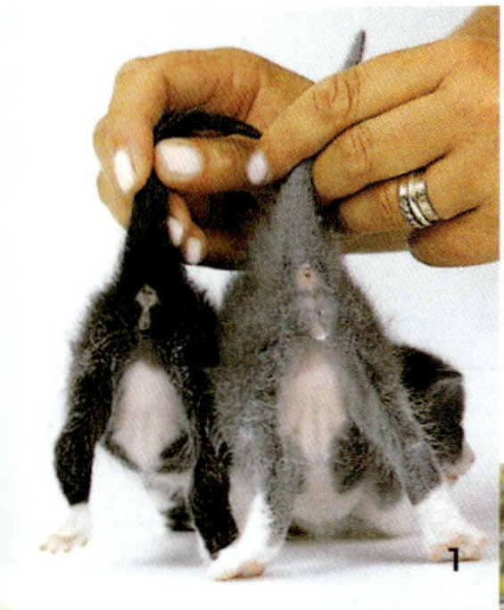

**1** Die Geschlechtsbestimmung ist für Laien nicht ganz einfach: links der Kater, rechts die Kätzin.

**2** Ein Kater ist in der Regel kräftiger als das weibliche Tier.

verantwortungsbewusste Katzenfreund mit seinem Tier machen lassen sollte, gleichen sich beide immer mehr im Verhalten an und entwickeln ihren Charakter unabhängig vom Geschlecht. Nicht kastrierte Tiere dagegen behalten ihre geschlechtsspezifischen Eigenschaften bei.

Die Geschlechtsbestimmung bei Katzenbabys ist nicht einfach. Am besten, man vergleicht bei mehreren Tieren die Öffnung unter dem After. Bei weiblichen Kätzchen ist sie leicht oval und dichter am Anus, bei Katern liegt sie etwas tiefer und ist rund. Im Alter von etwa vier Wochen werden dann die Hoden sichtbar.

Wer eine Katze nehmen möchte, sie aber nicht kastrieren lassen will, sollte die unterschiedlichen Verhaltensweisen von Kater und Kätzin unbedingt kennen. Die Kätzin wird in regelmäßigen Abständen rollig und nervt dann ihre Familie. Wenn der Kater den Duft einer paarungsbereiten Katzendame in der Nase hat, ist er nicht mehr zu halten. Kater mit Auslauf kommen oft mehrere Tage nicht heim und tragen ihre Rangkämpfe mit den Rivalen im Revier aus. Dann vergessen sie alles, führen sich auf wie toll, was während dieser Zeit häufig zu Unfällen und Verletzungen führt. Die Kater markieren ihr Revier noch intensiver, als sie das sonst schon tun, um allen Kätzinnen in der Umgebung zu signalisieren: Ich stehe jetzt zur Verfügung! Zum Revier gehören in diesem Fall allerdings nicht nur Gartenzaun und Hausmauer, sondern auch Tisch- und Stuhlbeine, die Türfüllungen und was sich in der Wohnung noch alles einem liebestollen Kater an Senkrechtem bietet.

Während der Rolligkeit ist die Kätzin zur Paarung bereit. Dieser Zustand tritt zum ersten Mal im Alter von etwa sechs bis neun Monaten auf. Die Rolligkeit kann vier bis zehn Tage dauern.

Wenn dann auch noch der spezifische Duft durch die Wohnung zieht, braucht der Mensch schon sehr viel Toleranz – oder eine gestörte Geruchswahrnehmung –, wenn er sich daraufhin nicht zur Kastration entschließen kann. Danach jedenfalls wird jeder Kater zum mehr oder weniger ausgeglichenen und leicht umgänglichen Stubentiger.

# **Sieben Sinne** – *sensibles Gespür*

Die folgende Geschichte hat sich im italienischen Kalabrien zugetragen: Einem Kaufmann kam das Benehmen seiner Katze sehr seltsam vor. Wie von Sinnen drängte sie ihn dazu, sein Haus zu verlassen. Er tat ihr den Gefallen. Dann lief ihm das Tier durch die Straßen und Gassen voraus und drehte sich ständig nach ihm um, ob er ihr auch wirklich folgte. Irritiert lief der Mann hinter seinem Tier her, bis vor die Tore der Stadt. Als sie dort angekommen waren, erfüllte ein unheimliches Getöse die Luft, und die Erde erzitterte. Es war das Erdbeben von 1783, bei dem 50 000 Menschen ums Leben kamen. Dem Kaufmann hatte seine Katze das Leben gerettet.

Katzen haben eine innere Uhr. Ein englischer Arzt berichtete Folgendes von einem bettlägerigen Patienten und seiner Katze: „Sie wich nicht von seiner Seite. Alle vier Stunden weckte sie den Kranken, damit er seine Medizin einnehmen konnte – so hatte es der Arzt angeordnet."

Auch bei dem Erdbeben 1976 im Friaul wurde festgestellt, dass Stunden, bevor die Häuser einstürzten, Katzenmütter ihre Babys ins Freie getragen hatten. Derartige Vorahnungen nennen Wissenschaftler den achten Sinn. Die Katzen scheinen ihn zu besitzen. Doch im Gegensatz zu ihren anderen Sinnen ist er bisher wissenschaftlich noch nicht näher erforscht worden.

Eine der besonderen Fähigkeiten von Katzen ist es, dass sie selbst in völliger Dunkelheit nirgendwo anstoßen. Das ermöglicht ihnen ihr Radar-Warnsystem. Es befindet sich in den Schnurrhaaren, den Vibrissen, und damit können die Tiere sogar feinste Vibrationen wahrnehmen. Die Vibrissen sitzen an den Backen, über den Augen, an Nase und Kinn, und sie helfen der Katze, genauso wie ein Zollstock beispielsweise, die Öffnungsgröße von Durchgängen abzumessen. Ein Reflexbogen verbindet die Tasthaare mit den Augenlidern, und bei der geringsten

Berührung dieser Haare muss die Katze blinzeln. So wird das Auge vor Verletzungen geschützt.

Hör mal! Nichts zu hören? Was der Mensch in der Natur als Stille genießt, ist für die Katze ein lautes Konzert aus Summen, Rascheln, Knistern und Wispern. Wenn die Katze eine Maus hört, müssten Tausende gleichzeitig pfeifen, damit das Menschenohr überhaupt etwas wahrnehmen kann. Unser Hörvermögen endet bei 20 000 Hertz, das der Katze bei 50 000 (siehe Gesellschaft).

Dagegen ist der Geschmackssinn von Katzen nicht besonders ausgeprägt. Die Geschmacksknospen auf der wie Schmirgelpapier rauen Zunge können nur wahrnehmen, ob etwas salzig ist. Viel sensibler ist da ihr Geruchssinn, und das seit ihrer Babyzeit. Damals lernten sie, auf der eigenen Duftspur zur Mutter zurückzufinden. Auch den Geruch von Menschen und Tieren können sie gut aufnehmen. Achten Sie mal darauf: Wenn sich zwei Katzen begegnen, prüfen sie zuerst, wie die andere riecht.

1

**1** Witterung aufnehmen: Katzen haben einen ausgezeichneten Geruchssinn.

**2** Mit ihren Schnurrhaaren spürt die Katze auch feinste Schwingungen.

2

# *Mensch – das ist* **tabu**

Blutige Kratzer auf dem Arm, ein verwirrter Mensch, eine schmollende Katze. Was ist bloß schief gelaufen? Meist hat ein Mensch unbewusst gegen den Katzenknigge verstoßen, wenn er sich so eine handfeste Abfuhr holt. Das Schmollen des Hausgenossen hingegen ist eine Geste der Unterwerfung gegenüber dem schimpfenden (ranghöheren) Partner – so erklärt der Verhaltensforscher Desmond Morris dieses Verhalten.

Als eine der wichtigsten Regeln für ein harmonisches Miteinander gilt: keine überfallartige Streichelattacke auf eine ruhende Katze! Sie empfindet es als Bedrohung, wenn sich ihr ein Mensch plötzlich nähert oder eine Hand zum Streicheln auf sie zukommt. Wer die kritische Distanz – vergleichbar der menschlichen Intimsphäre – ohne Aufforderung überschreitet, erhält eine prompte Reaktion. Die Katze schlägt zurück oder sie läuft weg. Also: Zuerst ansprechen, bevor man krault, und dem Tier zunächst eine Hand zum Schnuppertest hinhalten. Ähnliches gilt für das Anstarren, besonders wenn es mit lautem Schimpfen verbunden ist. Unter dem direkten Blick fühlt sich das Tier unbehaglich und in die Defensive gedrängt. Unter Tieren behaupten ranghöhere durch drohendes Anstarren ihre Vormachtstellung. Katzen mögen lieber leise Töne, und deshalb nehmen sie bei Krach auch meist Reißaus.

Kreischende Maschinengeräusche und Lärm in jeder Form verabscheuen sie ebenso wie schreiende Menschen, selbst wenn der Ausbruch nicht ihnen gilt. Wegen ihres feinen Gespürs für Missstimmungen schlägt der Katze auch ein Familienkrach aufs Gemüt.

Katzen mögen zwar Sauberkeit. Doch bedenken Sie: Die strengen Gerüche von Reinigungsmitteln oder gechlortem Leitungswasser sind eine Beleidigung für die feinen Nasen der empfindsamen Tiere. Deshalb: nach der Benutzung von Putzmitteln gründlich nachspülen!

1 Wenn die Katze einen Platz besetzt hat, heißt dies für den Menschen: Stören tabu! Egal ob Esszimmerstuhl der Hausfrau ...

2 ... Blumentöpfe ...

3 ... oder ein ausrangierter Korb.

1

2

3

Katzen lieben Sauberkeit über alles. Deshalb ist es ihnen auch ein Gräuel, wenn ihr Futternapf und das Katzenklo nicht regelmäßig sauber gemacht werden; beides sollte auch nicht dicht nebeneinander stehen. Eine Katze mag am liebsten ihren gewohnten Tagesablauf sowie eine Umgebung, in der sich möglichst nichts verändert. Renovierungsaktionen oder Umzüge sind ihr verhasst. Sogar die kleinsten Veränderungen sind einer Katze unangenehm, und auch ihr Lieblingsplatz sollte für den Menschen tabu sein. Daher gilt: Finger weg von vertrauten Verstecken und bevorzugten Aussichtsplattformen!

# Tagesablauf – *24 Stunden*

Dass Katzen träumen, gilt als sicher. Man kann es sogar sehen. Denn beim Träumen zucken im Schlaf die Pfoten, und die Schnurrhaare zittern. Wahrscheinlich ist die Traumphase bei Katzen doppelt so lang wie beim Menschen.

Der Mensch verschläft etwa ein Drittel seines Lebens. Aus der Sicht einer Katze ist dieser Zeitraum allerdings nur ein Nickerchen. Denn sie verdöst, verschläft und verträumt doppelt soviel Zeit wie der Mensch, nämlich zwei Drittel ihres Katzenlebens – nur Fledermäuse schlafen noch mehr!

Im englischen Tierforschungszentrum Waltham haben Wissenschaftler über viele Jahre den Tagesablauf von Wohnungskatzen mit versteckten Kameras gefilmt und über jede ihrer Aktionen Protokoll geführt. Dabei ergab sich Folgendes: Die Katze spielt zwei Minuten mit einem Ball ... dann geht sie zum Wassernapf, das Trinken dauert eine Minute und 40 Sekunden. Anschließend reckt sie sich genüsslich und springt auf einen erhöhten Platz. Dafür benötigt sie vier Minuten und zehn Sekunden. Dann sucht sie sich ein gemütliches Plätzchen, legt sich hin, rollt sich zusammen und schläft ein ... Zusammengerechnet sieht der Tag einer Katze etwa so aus: Drei Stunden, 40 Minuten spielt sie, allein oder mit ihrem Menschen. Eine Stunde und 40 Minuten wandert sie durch die Wohnung, oder sie geht im Freien umher. Zum Putzen verwendet die Katze drei Stunden und 40 Minuten. Da sie dabei immer sehr viele Haare verschluckt, müssen diese auch wieder ausgewürgt werden, das dauert in der Regel drei Minuten. Neun Stunden und 40 Minuten schläft sie, und noch weitere fünf Stunden und 20 Minuten döst und träumt eine Katze.

Wovon mögen Katzen träumen? Das wird uns Menschen wohl immer unbekannt bleiben – aber dass sie träumen, ist ganz sicher.

Eine Katze schläft selten ganz tief, sondern sie hat einen sehr leichten Schlaf. Wenn beispielsweise eine Maus vorbeiläuft, ist sie sofort hellwach. Sie „überschläft“ aber auch für sie uninteressante Geräusche. Trotzdem sollte man eine schlafende Katze möglichst nicht stören oder aufwecken.

1

1 Tagesablauf: Zwischen ihren Schlafphasen beobachtet die Katze aufmerksam die Umgebung.

2 Spielen: im Schnitt 40 Minuten

3 Schlafen: neun Stunden und 40 Minuten

4 Putzen: drei Stunden und 40 Minuten

5 Dösen: Außer Schlafen tun das Katzen am liebsten.

2

4

3

5

# **Tattoos** *für Ausreißer*

Eines Morgens sitzt Kater Karl nicht wie gewohnt vor der Haustür, und er kommt auch die nächsten Tage nicht wieder heim. Wie Tausende Katzen, die jährlich in Deutschland auf Nimmerwiedersehen verschwinden. Schreckliche Bilder drängen sich auf: Hat man das Tier eingefangen? Erschossen? Ist es überfahren worden? Oder findet es vielleicht nur nicht mehr den Weg nach Hause zurück?

Der Orientierungssinn von Katzen (siehe Orientierung), der sie immer wieder nach Hause führt, lässt den Menschen zwar oft staunen. Doch kommt es trotzdem immer wieder vor, dass ein liebestoller Kater einer rolligen Kätzin blind wer weiß wohin folgt und dann den Weg zurück nicht mehr findet – aber auch Katzendamen können sich verlaufen. Tattoos sind daher auch bei Katzen gefragt, besonders bei denen, die Auslauf haben. Nicht weil diese Tätowierungen so hübsch wären, sondern zur Sicherheit

Hat die Katze freien Auslauf, sollte man sie aus Sicherheitsgründen im Ohr tätowieren bzw. ihr einen Mikrochip vom Tierarzt implantieren lassen. Das geschieht mit einer Spezialnadel. Damit wird der Chip unter die Haut im Nacken gebracht. Diese Art der Kennzeichnung ist dauerhafter als eine Tätowierung.

**1–2** Ist die Katze regelmäßig draußen, sollte man sie vom Tierarzt zumindest tätowieren lassen. Dazu wird eine Codenummer in die Innenseite des Ohrs geritzt.

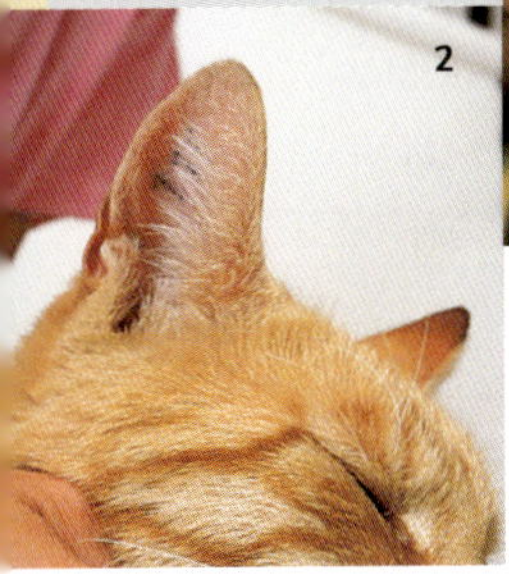

des Bummlers. Dabei kennzeichnet der Tierarzt ein Ohr des Tiers mit der Postleitzahl seines Wohnorts, in das andere wird eine Nummer geritzt, die von der Tierarztpraxis vergeben und bei einer Zentralstelle registriert wird. Anhand dieser Daten kann man den Besitzer ermitteln, wenn das Tier entlaufen ist, und ihm dann den Ausreißer zurückgeben.

Die Tätowierung auf der Innenseite des Ohrs kann allerdings mit der Zeit verblassen. Mithilfe einer Taschenlampe – einfach von hinten gegen das Ohr leuchten – läßt sich herausfinden, was von der Kennzeichnung noch vorhanden ist. Zusätzlich beziehungsweise als Alternative zum Tattoo wird neuerdings die Registrierung der Katze mittels eines Chips angeboten. Dieser wird mit einer Codenummer versehen und mit einer speziellen Spritze dem Tier am Nackenfell unter die Haut implantiert: ein kleiner Eingriff, der vom Tierarzt ohne Narkose vorgenommen wird. Scanner zum Entschlüsseln des Codes sind bereits in vielen Tierarztpraxen vorhanden, ebenso in Tierheimen – denn dort werden ja Ausreißer auch häufig abgegeben.

Kostenlose Registrierstellen:
TASSO Haustierzentralregister, Frankfurter Str. 20, 65795 Hattersheim, Tel. 0 61 90/93 22 14, Fax 59 67, Internet: http://www.tiernotruf.org

Zentrales Haustierregister des Deutschen Tierschutzbundes e.V., Baumschulallee 15, 53115 Bonn, Tel. 0 18 05/23 14 14, Fax 6 04 96 40

# Tierarzt – *selten, aber regelmäßig*

Katzen sind robuste Tiere, und sie erkranken in der Regel selten. Wären sie die einzigen Patienten der Tierärzte, hätten diese wenig zu tun. Aber man geht ja auch aus Gründen der Vorsorge zum Tierarzt. Und deshalb ist es empfehlenswert, einmal im Jahr mit seiner Katze eine der 9000 Kleintierpraxen in Deutschland aufzusuchen.

Wer einen Tierarzt sucht, wendet sich an einen Kleintierspezialisten, denn er verfügt über die notwendige Erfahrung im Umgang mit kranken Katzen.

Allerdings riechen viele Katzen Lunte und sträuben sich heftig. Eine ausgewiesene Katzenkennerin erzählt, dass sie eine ihrer Katzen für den Transport zum Tierarzt in ein Handtuch rollte, und beim Impfen mussten sogar drei Personen das Tier festhalten. Trotzdem sollte jeder, der gerade eine Katze bei sich aufgenommen hat, egal ob sie noch ein Baby oder schon erwachsen ist, mit ihr zum Tierarzt gehen. Dieser wird die Katze genau untersuchen und feststellen, ob ihr etwas fehlt. Auf Wunsch berät er Neulinge unter den Katzenbesitzern, wie sie mit dem Hausgenossen umgehen müssen. Er legt die Termine für die Vorbeugeimpfungen fest und entscheidet, ob eine Wurmkur nötig ist. Da sich fast alle Katzen – wie andere Kleintiere auch – in der Tierarztpraxis instinktiv unwohl fühlen, lässt man sie am besten während der Wartezeit im Transportkorb.

Katzen können nicht sagen, was ihnen wo wehtut, und deshalb muss ihr Mensch für sie dolmetschen. Erzählen Sie dem Tierarzt, was Sie an Ihrem Tier an Veränderungen beobachtet haben. Vieles erkennt der Tierarzt sofort: schmerzende Schwellungen, äußerliche Tumore, einen aufgeblähten Bauch, Wunden. Aber manchmal muss er röntgen oder den Stuhl untersuchen. Dazu nehmen Sie mit einer

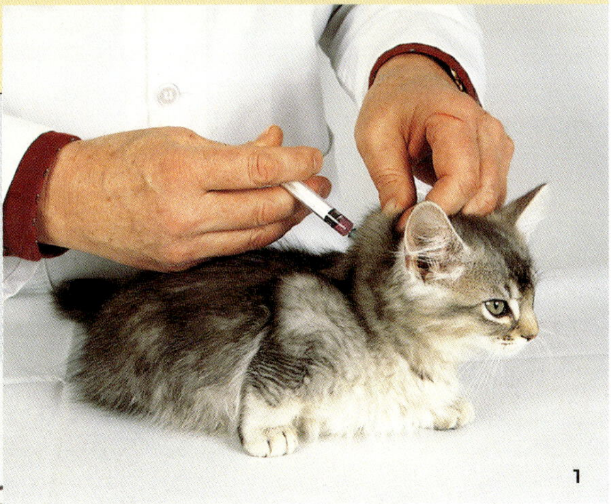

1

2

**1–2** Gehen Sie zur Vorsorge einmal im Jahr zumTierarzt und nicht erst, wenn die Katze krank ist. Empfehlenswert sind regelmäßige Impfungen, auch bei Wohnungskatzen.

Gegen Tollwut lässt man seine Katze impfen, wenn sie Auslauf hat oder wenn man mit ihr ins Ausland reisen will.

Schaufel etwas Kot aus dem Katzenklo und tun ihn in eine Plastiktüte. Urinproben entnimmt der Arzt. Er erklärt auch, wie man Fieber misst, die Ohren säubert (wichtig bei Perserkatzen), und er entfernt Zahnstein. Vorsorgeimpfungen gegen Katzenseuche und Katzenschnupfen (auch bei Hauskatzen) werden alle zwei Jahre aufgefrischt. Also – regelmäßig zum Tierarzt, auch wenn sich die Katze pudelwohl fühlt!

# **Umzug** – *Zug um Zug*

Katzen hassen Umzüge. Weil sie territoriumsbewusst sind, fürchten sie sich davor, die Umgebung zu wechseln. Aus diesem Grund glaubte man auch lange, dass Katzen lieber einen neuen Menschen in Kauf nehmen als eine neue Wohnung. Tierverhaltensforscher haben aber längst festgestellt, dass Hauskatzen auf ihren Menschen bezogen sind.

Wenn Möbel und Kisten raus- und reingetragen werden, alle Türen sperrangelweit offen stehen, sollte die Katze besser im geschlossenen Transportkorb bleiben. Sonst büchst sie – verschreckt durch den Trubel – im noch unbekannten Terrain aus.

Das beweist ein Beispiel: Die Familie des amerikanischen Katers Sugar war von Kalifornien nach Oklahoma gezogen und hatte ihn bei Nachbarn gelassen. Aber Sugar wollte zu seiner Familie. Er machte sich auf den über 2400 Kilometer langen Weg und kam nach 13 Monaten in Oklahoma an.

Bei einem Umzug gehen Sie am besten Zug um Zug vor: In der alten Wohnung sollte die Katze in ein leer geräumtes Zimmer ziehen, in dem nur noch ein Lieblingskissen, der gefüllte Futternapf und das Katzenklo stehen. Wenn die letzte Möbelfuhre aus der alten Wohnung abgefahren ist, kommt die Katze in ihr vertrautes Körbchen oder in den Transportkorb, und man fährt mit ihr in die neue Wohnung. Dort bezieht sie am besten mit ihrer Ausrüstung ein noch leeres Zimmer. Sind die Möbel eingeräumt und hat der letzte Packer die Tür hinter sich geschlossen, kann sie die neue Wohnung erkunden.

Das Katzenkörbchen sollte den Umzug auf jeden Fall mitmachen. Zum besseren Eingewöhnen in der fremden Umgebung ist es wichtig, dass der vertraute Geruch mit umzieht.

Man kann die Katze aber auch zum Umzugstermin zu Freunden oder Bekannten geben. Ist alles erledigt, zieht sie in die neue Umgebung.

Katzen, die ins Freie dürfen, sollten im neuen Zuhause auf alle Fälle die ersten zwei Wochen in der Wohnung verbringen. So können sie sich erst einmal an die neue Umgebung gewöhnen.

**1** Ein Korb mit Gittertür ist beim Umzug ein ideales Transportmittel für Katzen ...

**2** ... während die offene Strohtasche nicht so gut dazu geeignet ist – Fluchtgefahr!

# Urlaub – *lieber ohne mich!*

Der römische Kater Nero, der über die Spanische Treppe stolziert, die griechische Katze Elena, die von der Akropolis steigt, oder die getigerte Bijou auf dem Fischmarkt von Marseille – das sind Katzen, die dort zu Hause sind, wo wir Urlaub machen.

Verreisen ist nichts für die Katz. Obwohl sie in früheren Zeiten schon weit reisen musste – von Ägypten nach England, von China nach Amerika, mit dem Schiff über alle Weltmeere. Katzen bleiben am liebsten zu Hause in der vertrauten Umgebung und bei ihrem Menschen. Und da beginnt das alljährliche Problem. Meist lässt es sich (relativ) problemlos lösen, indem man die Katze in Pflege gibt. Das beste ist aber, wenn Katzen in ihrem Zuhause bleiben können, während der Mensch im Urlaub ist. Das lässt sich gut organisieren, wenn Nachbarn, Freunde oder Verwandte vorbeikommen und das Haustier während dieser Zeit versorgen können. Handelt es sich um einige Tage, müssen sie nicht unbedingt in die Wohnung einziehen, sondern

Während des Urlaubs kann man seine Katze in einer Katzenpension unterbringen, die man sich jedoch vorher besser anschauen sollte. Diese Urlaubslösung ist allerdings nicht ideal, denn die meisten Tiere fühlen sich in solchen Pensionen unwohl.

**1** Reist die Katze mit, dann legen Sie ihr ein Geschirr an.

**2** Es soll Katzen geben, die Reisen lieben. Aber dazu ist am besten ein Transportkorb geeignet.

sie brauchen das Tier nur täglich mit dem Nötigsten zu versorgen; dazu zehn Minuten Spiel- und Streichelzeit, das ist eine gute Lösung für einen kürzeren Urlaub, besonders bei Katzen, die daran gewöhnt sind, tagsüber allein zu sein. Die andere Möglichkeit sind Katzeneltern auf Zeit, die während des Urlaubs die Katze zu sich nehmen. Allerdings sollte das Tier die Pflegeeltern gut kennen. Hat man diese Möglichkeit nicht, kann man sich an einen Catsitter-Klub wenden (siehe Catsitter).

Es soll aber auch Katzen geben, die gern Auto fahren und auch mit ihrer Familie verreisen. Die kurzen Fahrten zum Tierarzt kennen die meisten ohnehin. Wenn Sie eine längere Autofahrt mit der Katze unternehmen wollen, geben Sie ihr sechs Stunden vor der Abfahrt nichts mehr zu fressen. Und setzen Sie das Tier schon eine halbe Stunde vor der Abfahrt in den Transportkorb, das beruhigt nicht nur die Katze, sondern auch den Menschen. Wenn Sie unterwegs sind, machen Sie alle zwei Stunden kurz Halt. Sie können versuchen, der Katze Futter oder etwas zu trinken zu geben – allerdings werden die meisten Tiere nichts annehmen.

Jedes Jahr werden während der Ferienzeit unzählige Katzen einfach nur deshalb ausgesetzt, weil ihre Besitzer nicht wissen, wo sie das Tier lassen sollen.

Bei der Deutschen Bahn fahren Katzen im Korb zum Nulltarif; bei Linien- oder Charterflügen fragen Sie vorher bei der Fluglinie nach den Bedingungen. Und erkundigen Sie sich vor Reisen ins Ausland außerdem nach den jeweils notwendigen Einreisebestimmungen für Haustiere (Impfungen usw.).

Übrigens: Wer seine Katze mit nach Großbritannien nehmen möchte, sollte das besser nicht tun, denn dort muss sie mehrere Monate in Quarantäne.

# **Verhütung** – *oder die Pille danach*

Die Nervenprobe wiederholt sich regelmäßig: Eine rollige Katze in der Wohnung festzuhalten, ihre Kapriolen während dieser Zeit zu ertragen, das ist schon ein großes Problem. Noch schlimmer sind allerdings die Kater. Wenn sie die Abenteuer- und Liebeslust packt, dann verteilen sie hemmungslos ihre Duftnote. Und das nicht nur an Gartenzäunen und Mauerecken, sondern ebenso an Tischbeinen und Haustürpfosten und was sich sonst gerade so anbietet – ein Duft, den man nie vergisst ... Katzen sind zudem außerordentlich fruchtbar. Wenn beide draußen unterwegs sind, erfreut die Kätzin ihre Familie mindestens zweimal im Jahr mit Nachwuchs, und der Kater macht derweil sicherlich viele Kätzinnen glücklich. Katzenkinder werden geboren. Drol-

Dem Kater werden bei der Kastration die Hoden und ein Stück vom Samenleiter entfernt. Bei der Kastration der Kätzin werden die Gebärmutter, die Eierstöcke sowie die Eileiter entfernt.

**Männliche Fortpflanzungsorgane**

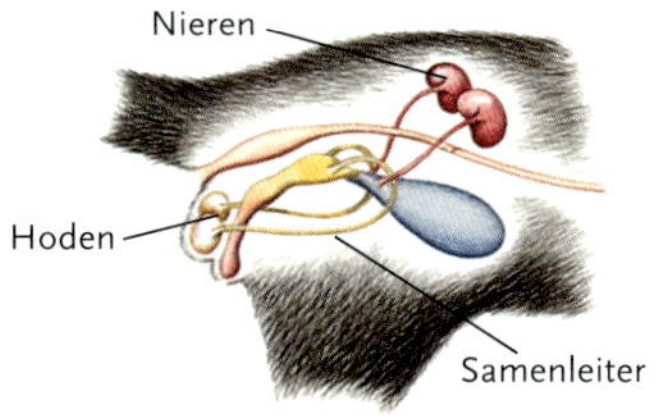


**Kastrierter Kater**

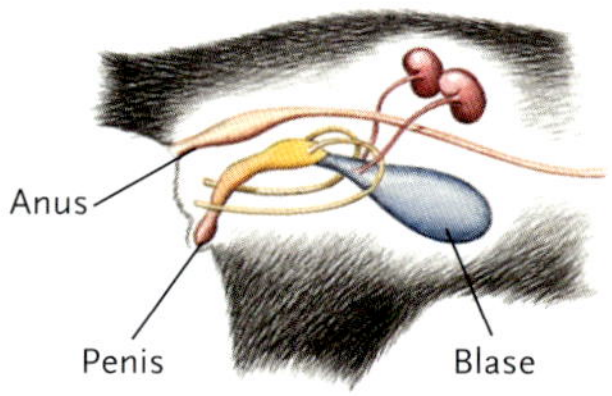


**Weibliche Fortpflanzungsorgane**

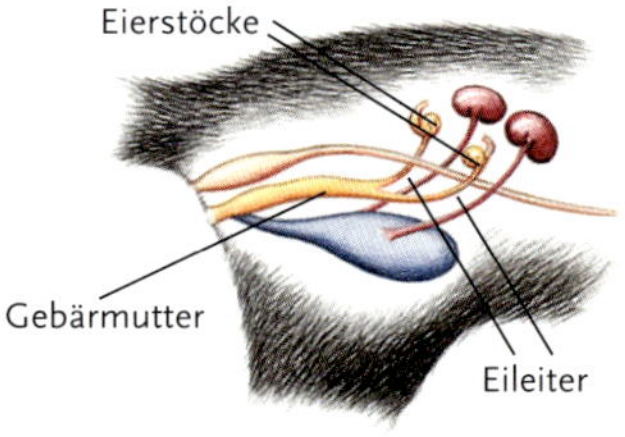


**Kastrierte Kätzin**

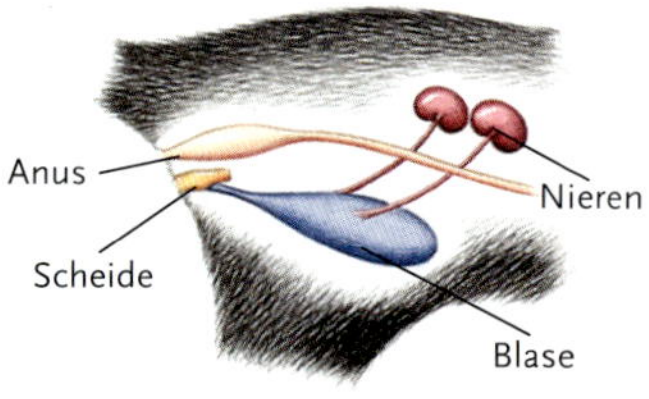

Viele Katzenfreunde befürchten, dass kastrierte Katzen zu molligen Fellbündeln werden. Tierärzte halten dagegen, dass dies nicht Folge des chirurgischen Eingriffs und seiner hormonellen Folgen sei, sondern dass die Menschen die Tiere überfütterten – sozusagen als Ausgleich.

Über den richtigen Zeitpunkt der Kastration sind sich Experten uneinig. Der Eingriff vor der Geschlechtsreife verhindert, dass sich entsprechende Eigenschaften beim Tier überhaupt ausbilden. Paul Leyhausen meint, dass die Geschlechtshormone u. a. an der Entwicklung des Skeletts beteiligt sind. Daher solle man das Tier frühestens im 12. und spätestens im 18. Lebensmonat kastrieren lassen – zumindest die Kätzin.

lig, aber unerwünscht. Und sie finden später kein Zuhause, werden zu Streunern, überfahren, oder sie verhungern im Winter. Tierärzte und Katzenverbände raten deshalb Katzenhaltern – wenn sie nicht züchten wollen – dringend dazu, ihre Tiere kastrieren zu lassen. Beim Kater werden dabei unter Narkose die Hoden entfernt. Dadurch wird die Produktion des männlichen Sexualhormons Testosteron gestoppt. Das Tier verliert die Lust auf Liebe, und es setzt auch keine Duftmarken mehr in seiner Umgebung. Bei der weiblichen Katze werden – ebenfalls unter Betäubung – durch einen kleinen Schnitt die Eierstöcke meist zusammen mit der Gebärmutter entfernt, die Katze wird nicht mehr rollig. Die meisten Tiere sind nach der Kastration ausgeglichener und anschmiegsamer, und die Kämpfe der Kater sind dann nur noch harmlose Reviergefechte.

Die Alternative zur Operation der Kätzin, auch für eine Übergangszeit, ist die „hormonelle Kastration“ mit der Pille. Einmal pro Woche wird dem Tier Progesteron verabreicht, was die Kätzin in den Zustand einer Scheinschwangerschaft versetzt. Diese Methode ist als dauerhafte Lösung weniger geeignet, weil möglicherweise Zysten an den Eierstöcken sowie Gebärmutterentzündungen auftreten können. Ähnliches gilt für die Drei-Monats-Spritze. Die so genannte Pille danach, deren Einsatz eigentlich nur für Züchter infrage kommt, oder eine entsprechende Spritze kann anschließend an eine Deckung eine unerwünschte Schwangerschaft unterbinden. Eine derartige Maßnahme sollte jedoch nur auf Ausnahmesituationen beschränkt sein.

## Verwilderte Katzen – *Tiger der Straße*

Wer einem verwilderten Kätzchen Gutes tun möchte, sollte das Tier nicht nur füttern und dann seiner Wege gehen lassen. Der örtliche Tierschutzverein hilft beim Einfangen des Tiers, damit es kastriert und dann wieder freigelassen werden kann.

Eine wilde Bande ist das, die nachts Straßen und Hinterhöfe durchstreift und die sich beim Katzentreff am Schrottplatz zusammenfindet, immer auf der Suche nach etwas Fressbarem. Mit diesen Tigern der Straße verbinden manche Menschen so etwas wie die Sehnsucht nach Freiheit und Abenteuer. Die Realität sieht allerdings ganz anders aus, und der Preis der Freiheit ist hoch. An artgerechter Nahrung – Mäusen, Ratten und anderen Kleinnagern – mangelt es zwar auch in unseren modernen Großstädten nicht. Aber die Mülltonne einer Gaststätte oder der Abfallkorb vor einem Schnellimbiss bietet leichtere Beute. Straßenkatzen fressen, was sie kriegen können – auch wenn es ihnen nicht bekommt. Viele sind krank, werden medizinisch nicht versorgt und natürlich auch nicht kastriert. Zudem werden wild lebende Tiere häufig überfahren, vergiftet oder erschossen. Ihre Lebenserwartung ist deutlich niedriger als die von Hauskatzen.

Die Streetgang bekommt immer dann Zuwachs, wenn Menschen ihr Haustier vorm Sommerurlaub irgendwo aussetzen, natürlich möglichst weit von zu Hause entfernt. Aber auch Katzen, die sich verlaufen haben, schließen sich einer Gruppe an. Sie besinnen sich schnell wieder auf ihre Urinstinkte, und das ist auch ihre einzige Chance, im Dschungel der Großstädte zu überleben. Im harten Alltag auf der Walz werden Katzen meist streitlustig, argwöhnisch und menschenscheu. Auch ihre zahlreichen Nachkommen haben keine Gelegenheit, einen vertrauensvollen Kontakt zum Menschen aufzubauen, denn ihnen fehlt in den ersten Wochen die entsprechende Prä-

**1** Streunende Katzen ernähren sich in Städten vorwiegend von Abfällen.

**2–3** Futterplatz Mülltonne: Hier findet sich bestimmt was Fressbares.

Im Gegensatz zu den echten Wildkatzen sind verwilderte Katzen Nachkommen domestizierter Katzen, die frei auf dem Land oder in Städten leben. Eine kleine Sprachverwirrung gibt es in Süddeutschland, wo es üblich ist, verwilderte Hauskatzen auch Wildkatzen zu nennen.

gung. Sie werden niemals so zutraulich sein wie Hauskatzenkinder, sondern dem Menschen eher furchtsam und aggressiv begegnen. Man muss deshalb genau überlegen, ob man ein solches Straßenkatzenkind aufnimmt. Es gibt ausgesetzte Tiere oder kleine Kätzchen, die Kontakt zum Menschen suchen, und dabei zieht der Futtertrick fast immer. So hat manche Spedition, mancher Baustoffhandel eine eigene „Arbeitskatze“. Eines Tages war sie einfach da, man hat ihr eine Schale mit Wasser oder Milch und etwas Futter hingestellt. Einmal, zweimal und dann schließlich regelmäßig. Dafür jagt sie Mäuse, sozusagen als freie Mitarbeiterin – wie einst ihre Vorfahren.

# **Webkatzen** – *chat with the cat*

Für Katzenliebhaber sind tolle Zeiten angebrochen – dem Internet sei Dank. Die Sache mit dem Katzenklo hat sich erledigt, Futterkaufen ebenso, und die Haare wegzusaugen war einem auch schon lange zuwider. Es lebe der virtuelle Tiger! Auf Mausklick. Smokie, Miezie, Keefer oder Simi – Chat with the cat im World Wide Web (Adressen siehe Marginalie).

Heute geht es zu Lizzy nach Hamburg, morgen zu Morgan nach Blackpool, übermorgen zu Arthur nach Washington. Alles Prachtexemplare, Cybercats der virtuellen Art. Hier hat man die freie Auswahl. Rein platonisch, versteht sich, und ohne Folgen. Seit einigen Jahren hat sich das weltweite Netzwerk als ein ideales Kommunikationsforum für Liebhaber aller Art und Genres entwickelt – auch der Katzenfreunde. In der vordersten Reihe klicken die amerikanischen Katzenfans. Liebliche Katzenfotos und bitterböse Comics, anrührende Geschichten vom Lieben und Leiden der Hausgenossen und die Stoßseufzer ihrer Versorger. Medizinischer Rat für die

Auf dem virtuellen Katzenfriedhof im Internet kann man sich aussuchen, wie das geliebte Haustier seine letzte Ruhe finden soll. Mit Trauerrede und Grabinschrift. Zu erreichen unter: www.katzenfriedhof.de

**1** Vernetzte Katzen: Chat with the cat im World Wide Web. Alles Miau – oder was?

**2** Keine virtuelle, sondern ein reale Bestattung: letzte Ruhe auf dem Katzenfriedhof

Katze sowie seelischer Beistand für Katzengeschädigte, all das holt man sich per Tastendruck ins Haus – ohne Zensur und ohne Gewähr. Ob man nun wissen möchte, wie der letzte Katzenkrimi von Rita Mae Brown heißt, ob man mit jemandem über die Wirkung von Bach-Blüten diskutieren oder seinen Kaufrausch mit Zubehör von A bis Z befriedigen, eine heimatlose Katze adoptieren, einen Birma-Züchter finden oder einem Verband beitreten möchte – im WWW wird man fündig. International und (leider) oft nur auf Englisch.

Hat man nach einer langen Surfnacht genug, dann reicht ein einziger Mausklick, und der Weg in die eigenen Federn ist frei. Keine Katze mehr vom Kissen vertreiben, kein Stolpern über leere Kartons. Doch stattdessen schmerzen Augen, Rücken und Handgelenke vom Katzenalltag aus zweiter Hand. Hardware statt Software. Aber man kann ja den Spieß mal umdrehen und seine Erfahrungen auf der eigenen Homepage in die Welt schicken ...

Adressen im Internet mit Verweisen zu Seiten, die Infos über Katzen bieten, finden Sie unter: http://www.katze-online.de oder http://www.olfie.de und http://www.miau.de

## **Weltmeister** – *höher, schneller, weiter*

Die Lendenwirbel und -muskeln ermöglichen der Katze nicht nur enorme Sprünge, sondern sie kann dank dieser anatomischen Voraussetzungen in der Luft eine Richtungsänderung vornehmen, sich im Sprung drehen.

Der Schwanz ist aus etwa 20 Wirbelchen und Wirbeln aufgebaut. Das garantiert seine enorme Biegsamkeit und Beweglichkeit. Beim Springen und Fallen setzt ihn die Katze als Steuerruder ein.

Bei Sportveranstaltungen schaffen es selbst die besten Hochspringer nicht, viel mehr an Höhe zu überspringen als ihre eigene Körpergröße. Das ist für eine Katze geradezu eine lächerliche Sprunghöhe. Sie kann aus dem Stand das Fünf- bis Sechsfache ihrer Körpergröße schaffen. Für einen Menschen hieße das, eine Höhe zu überspringen, die einem Haus mit zwei Stockwerken vergleichbar ist. Die anatomische Voraussetzung für diese enorme Sprungfähigkeit der Katze liegt in ihren Hinterläufen, die sie so weit unter den Schwerpunkt des Körpers stellen kann, dass sich Vorder- und Hinterpfoten fast berühren. Die Muskeln an den Hinterläufen sind extrem ausgeprägt, die Vorderläufe nicht starr mit dem Skelett verbunden, und die Katze hat kein Schlüsselbein. Das ermöglicht ihr extreme Hoch- und Weitsprünge. Ihre Wirbelsäule ist äußerst beweglich und mit großen Ansatzflächen für kräftige Muskelplatten ausgestattet. Der Brustkorb ist muskulös, und Brustbein und Rippen sind so elastisch, dass Herz und Lunge genügend Raum für ausreichend Puste haben. All dies macht Katzen auch zu Supersprintern – sie können eine Geschwindigkeit von bis zu 50 km/h erreichen. Ein Leichtathlet, der 100 Meter in zehn Sekunden schafft, kommt dabei auf ein Tempo von etwa 37 km/h.

Neben Sprint und Galopp beherrschen Katzen auch Gangarten wie Schleichen und Traben, sie können hoppeln, seitlich im Krebsgang daherkommem und auch schon mal den Rückwärtsgang einlegen. Aber versuchen Sie mal, eine Katze dazu zu bringen, rückwärts zu schleichen …

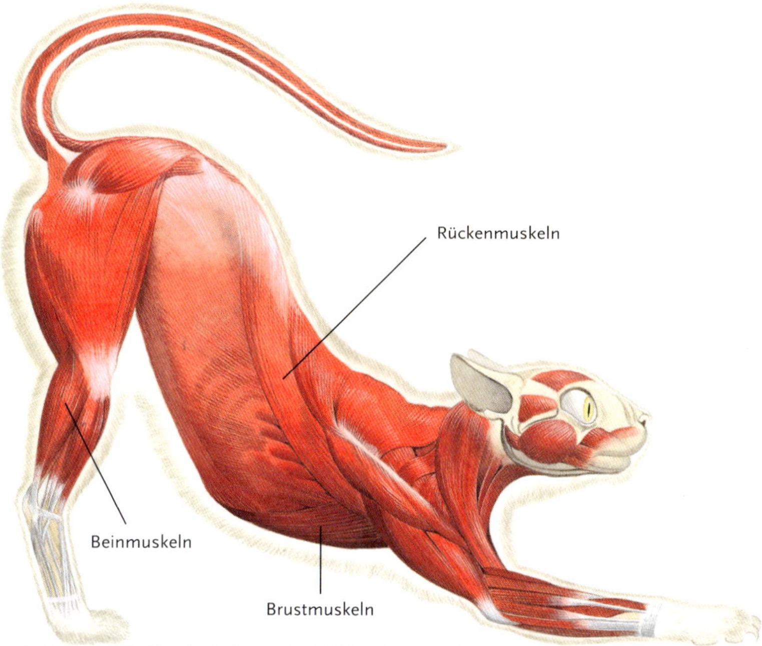


1

2

3

**1–3** Der Muskelapparat der Katze garantiert beim Sprung Höchstleistungen. Aus dem Stand springt sie höher als das Sechsfache ihrer Körpergröße. Und ihr Flug zeigt eine große Eleganz.

# **Wildkatzen** – *enge Verwandte*

Artenschutzprogramme zum Erhalt der Wildkatze in unseren Breiten werden von verschiedenen Organisationen durchgeführt: BUND, Wildforschungsstellen, Öko-Log und Uni Göttingen. Neben der Aufnahme des Bestands wird versucht, die Tiere wieder anzusiedeln. Mit welchem Erfolg, lässt sich zur Zeit noch nicht sagen.

Zu ihrer aristokratischen Verwandtschaft gehören Tiger, Leopard und Jaguar ebenso wie Ozelot und Luchs, und über allen steht der König Löwe. Die Familie der Katzen ist groß, und unter den Wilden gibt es nur eine, die als Vorfahrin aller Hauskatzen gilt: das ist die Nubische Falbkatze (siehe Qualifikation mit Biss). Etwas zahmer als die anderen Wildkatzen, hatte sie sich darauf eingelassen, in der Nähe des Menschen zu leben und Mäuse und Ratten zu fangen. So etwas würde die bei uns heimische Mitteleuropäische Wildkatze (Felis silvestris silvestris) nicht tun. Sie jagt zwar gern und viel, aber lieber „auf eigene Rechnung". Diese Tiere gelten als sehr scheu und nicht zu zähmen. Weil die Wildkatzen in freier Wildbahn eigentlich so gut wie nie zu beobachten sind, ist es für Tierschützer schwierig, ihren tatsächlichen Bestand zu ermitteln.

In früheren Zeiten war die Wildkatze in weiten Teilen Europas heimisch. Sie wurde aber von den

1

2

**1–2** Das Fell der Wildkatzen und ihrer Unterarten ist grau bis rötlich braun und dunkel gemustert. Der buschige Schwanz zeigt am Ende dunkle Ringe.

Jägern so intensiv verfolgt und abgeschossen, dass in den 30er-Jahren nur noch wenige Exemplare dieser Katzenart übrig geblieben waren. Obwohl Wildkatzen seit 1934 unter Schutz stehen und der Bestand sich etwas vergrößern konnte, schränkten der Straßenbau und die Ausweitung der Wohngebiete den Lebensraum der Tiere immer mehr ein. Mathias Herrmann von Öko-Log rechnet vor, dass nach neusten Bestandsaufnahmen in Deutschland heute insgesamt etwa 1700 bis 2000 Tiere leben.

Die Mitteleuropäische Wildkatze wird auf der Roten Liste als stark gefährdet eingestuft. Typische Kennzeichen: buschiger Schwanz mit dunklen Ringen und schwarzem, stumpfem Ende; verwaschene Tigerung des dichten, langen Fells, das die Wildkatze größer erscheinen lässt als die Hauskatze.

Die Wildkatzen leben sehr zurückgezogen. Ihr Revier sind die großen Wälder der Mittelgebirge in Südwestdeutschland. Sie kommen in der Eifel vor, im Hunsrück, den Hochwäldern des Schwarzwalds, im Pfälzerwald, dazu im Harz. Die Wildkatzen sind aber ebenso in den Ardennen, auf der Iberischen Halbinsel, in Schottland, im Apennin, in den Karpaten sowie im Kaukasus heimisch.

Wegen der Fellfärbungen, die manche Hauskatzen zeigen, hatten Beobachter vermutet, dass sich die bei uns heimische Wildkatze mit den Hauskatzen vermischt haben könnte. Dadurch wäre möglicherweise die Überlebensfähigkeit der Wildkatzen beeinträchtigt worden, weil sie dann untereinander zu wenig Nachwuchs gezeugt hätten. Wissenschaftler haben jedoch in den letzten Jahren mit den Untersuchungsmethoden der modernen Biologie wie etwa Gentests große Unterschiede zwischen diesen beiden Katzenarten festgestellt, sodass eine Durchmischung so gut wie ausgeschlossen werden kann. Dank dieser Ergebnisse sind die früheren Spekulationen gegenstandslos geworden.

# **Willkommen** *zu Hause*

Eine kleine Katze, die neu in die Wohnung kommt, ist neugierig wie ein Krabbelkind. Auch für sie sollte man Gefahrenquellen wie Putzmittel wegschließen, Elektrokabel aus der Steckdose ziehen und Herdplatten, die in Betrieb sind, im Auge behalten.

Damit Kinder und Katze eine dauerhafte Freundschaft schließen können, dämpfen Sie die Begeisterung der Kinder beim ersten Kennenlernen. Eine zu stürmische Begrüßung könnte das neue Familienmitglied verschrecken. Vereinbaren Sie in den ersten Tagen kurze Spielzeiten, so können sich alle langsam kennen lernen.

Die Erlebnisse des ersten Tages, an dem eine neue Katze ins Haus kommt, vergisst man sicher nicht. Meist ist das Tier klein, gerade der Mutter entwöhnt, doch kann es sich natürlich auch um eine erwachsene Katze handeln. Auf jeden Fall ist der Neuankömmling ängstlich, nervös und aufgeregt. Deshalb sollte zur Begrüßung kein Familientreffen stattfinden, kein neugieriger Kinderbesuch warten und auch kein Blitzlichtgewitter abgeschossen werden.

Wer seine Katze vom Züchter kauft, sie aus dem Tierheim holt, von irgendwem aus Irgendwo nach Hause bringt, tut dies am besten in einem verschließbaren Transportkorb. Holt man die Katze mit dem Auto ab, sollte man besonders vorsichtig fahren. Zu Hause angekommen, öffnen Sie die Tür des Korbs. Die Katze wartet, der Mensch wartet. Tut sich nichts, sollten Sie das Tier auf keinen Fall herauszerren oder laut nach ihm rufen. Es kann eine Weile dauern, bis sich der Neuling hervorwagt, dann verschwindet er sicher sofort unter dem nächsten Sessel oder Schrank. Bester Tipp: ruhig bleiben und abwarten, was passiert!

Kommt das Tier aus dem Versteck, zeigen Sie ihm den Futternapf, und klopfen leise unter den Teller. Die Katze wird diesem Geräusch folgen, denn sie hat bestimmt Hunger. Wenn sie fressen sollte – in der Regel tut sies in dieser Situation nicht –, stören Sie sie nicht. Anschließend zeigen Sie ihrem neuen Hausgenossen das Katzenklo, das wie die Futterstelle seinen festen Platz haben sollte. Hat die Katze beides einmal gesehen, findet sie es immer wieder. Ihr neues Familienmitglied wird sich bald heimisch fühlen – das spannende Abenteuer Katze hat begonnen!

1 Das erste Kennenlernen von Kindern und Katze sollte behutsam stattfinden.

2 Sind bereits Tiere im Haus, beobachten Sie deren Reaktion aufeinander, damit Sie notfalls eingreifen können.

## Zeit für Zärtlichkeit – *Genuss pur*

Wer könnte da widerstehen: Mit steil aufgerichtetem Schwanz kommt die Katze angelaufen, reibt ihr Köpfchen an den Beinen, streicht mit der Flanke daran entlang und rollt sich dann auf den Rücken, alle viere von sich gestreckt. Das ist einerseits ein Begrüßungsritual, aber außerdem eine unmissverständliche Aufforderung an den vertrauten Menschen zum Streicheln, Bäuchleinkraulen, zu einer genussvollen Schmusestunde. Wann es Zeit für Zärtlichkeiten ist, bestimmt meist die Katze selbst. Dann kann sie allerdings ganz schön hartnäckig sein. Hat sie etwas anderes vor, weist sie Kraulversuche ihres Menschen auch schon mal ab. Liebevolle Berührungen sind für Katzen – wie für Hunde, Affen oder Menschen – lebenswichtig. Spüren sie keine Zuneigung, können sie seelisch verkümmern und krank werden. Wer seine Katze über längere Zeit in der Wohnung allein lässt, nur mit Futter versorgt, darf sich nicht wundern, wenn sie bei der Rückkehr jämmerlich maunzt.

Von wegen Einzelgänger: Miteinander vertraute Katzen schlummern ganz gern eng aneinander gekuschelt, warm und geborgen. Damit befriedigen sie ihr Schmusebedürfnis.

Der Tierverhaltensforscher Michael Fox führt diese Sehnsucht nach Zärtlichkeit auf die ersten Erfahrungen der neugeborenen Kätzchen zurück, die von ihrer Mutter regelmäßig geleckt werden. An den Spitzen der Fellhaare befinden sich Nerven, die jede Berührung weiterleiten. Die Folge: Der Körper entspannt sich, der Herzschlag wird langsamer, die Verdauung angeregt. Wie Menschenkinder brauchen auch Katzenkinder Zuwendung, damit sie sich gesund entwickeln und eine Gefühlsbindung zur Mutter und später zu ihrem Menschen aufbauen können. Experten meinen, dass Hauskatzen diese frühkindlichen

„Gott schuf die Katzen, damit der Mensch einen Tiger zum Streicheln hat.“ *Victor Hugo (1802–1885), französischer Dichter*

**1** Erkennungskontakt und Köpfchengeben gehören zum Begrüßungsritual. Anschließend ist meist ausgiebiges Kraulen angesagt.

**2** Höchster Genuss: Schmusestunde

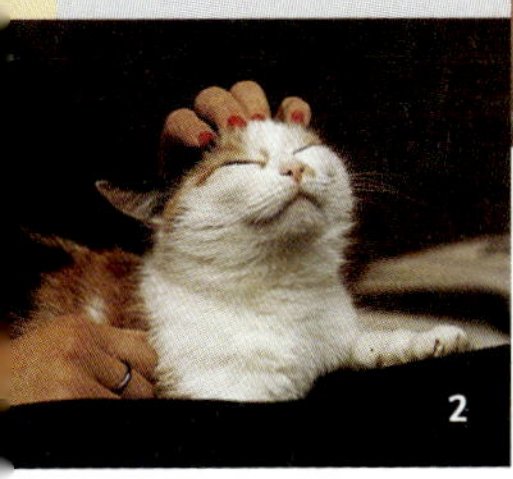

Verhaltensweisen in ihr Erwachsenenalter hinübergerettet haben. Leben sie in der Wildnis, dann wird diese Sehnsucht nach Streicheleinheiten vom täglichen harten Überlebenskampf überlagert. Doch mit dem Menschen als Überkatze, die eine Grundversorgung zuverlässig übernimmt, können sich die Tiere Spiel- und Schmusestündchen „leisten“, wann immer ihnen danach zumute ist, denn ihr Futternapf ist ja immer gefüllt. Überdies ist der Mensch als Schmusepartner konkurrenzlos, denn das Verhältnis zwischen ihm und der Katze ist ein anderes als das zwischen Katzen. Die Artgenossen werden als Sexualpartner wie auch als Rivalen betrachtet, und dagegen gilt es das eigene Revier abzugrenzen und zu verteidigen. Deshalb sind Zurückhaltung und Vorsicht geboten.

Und der Mensch? Ist er Katzenliebhaber, lässt er sich nur zu gern von der wohligen Ausstrahlung des schnurrenden Fellbündels auf seinem Schoß anstecken. Dann hat auch er Zeit für Zärtlichkeit, vergisst Stress und Hektik und – genießt es.

„Die Beziehungen zwischen Mensch und Katze werden viel enger und freundschaftlicher, als sie es zwischen zwei Katzen je werden können.“
*Paul Leyhausen, Verhaltensforscher*

# Register

Seitenzahlen in *kursiver* Schrift weisen auf Bildunterschriften hin.

**Bildnachweis**

**Animals Unlimited:** S. 135/2, S. 158/1, S. 173/2 **Archiv B & B, München:** S. 15/1, 2, S. 16/17, S. 18/1, 2, S. 30/m. re., S. 40/o., S. 51/3, S. 83/2, S. 90/u., S. 101/1, S. 104/1, u., S. 105/3, S. 107/2, S. 119/1, S. 149/1, 2, S. 181/2, S. 189/2 **Archiv Dr. M. Seidel, Hildesheim:** S. 8 **Archiv für Kunst und Geschichte, Berlin:** S. 7/1, 2 (W. Forman), S. 12, S. 33/1, S. 47 (E. Lessing), S. 61/2, S. 73/1, 2, S. 80/3, S. 90/1, S. 95/1, S. 123/2, 3, S. 126/1, u., S. 127/2, S. 131/2 (H. Janke), S. 135/1 (J.-L. Nou), S. 137/2 **argus-Fotoarchiv, Hamburg:** S. 62/2 (H. Oberück), S. 84/1 (R. Janke) **M. Binder:** S. 4/o., m. li., m. re., u., S. 5, S. 10/11, S. 11/li., re., S. 20/1, 3, 4, S.21/2, S. 24/2, S. 28, S. 30/o., m. li., u., S. 31, S. 44/1, S. 53/2, 3, S. 62/1, S. 65/2, S. 70/1–3, S. 78/1, S. 87/1, 3, S. 95/2, S. 97/2, S. 109/3, S. 115/3, S. 132/1, 2, S. 152/1, S. 153/2, 3, S. 154/2, S. 157/3, S. 171/2, S. 173/o., 1 **M. Bossemeyer, Münster:** S. 61/1 **J. Burton/Warren Photography:** S. 42, S. 43/2, S. 77/2, S. 83/3, S. 129/1 **J. Daniels:** S. 171/1 **J. Daniels/Ardea:** S. 160/1, S. 183/3 **dpa, München:** S. 137/1, S. 146/1, 2 **Chanan Photography:** S. 91/2, 3 **Ernsting/Bilderberg, Hamburg:** S. 107/1 **J. Eshbol/FLPA:** S. 150/2 **Foto Natura/FLPA:** S. 87/2 **F. Gohier/ Ardea:** S. 93/2 **M. Gassen, Mannheim:** S. 51/2 **Hanser Verlag, München:** S. 120/1 **C. Jeczawitz, Hamburg:** S. 109/2 **Juniors Bildarchiv, Senden:** S. 59/1 (H. Botzenhardt), S. 82/1 (M. Wegler), S. 112/2 (M. Wegler), S. 165/1 (J. u. P. Wegner), S. 169/1 (U. Schanz), 2 (H. Grell), S. 174/2 (F. Aschermann), S. 179/1 (J. Neukamp), 2 (Dr. D. Haas), 3 (M. Meyer), S. 187/2 (M. Wegler) **S. Moses, München:** S. 96, S. 97/1, S. 105/2, S. 122/1, S. 131/1, S. 144/1, S. 145/2–4 **Museo Nazionale, Neapel:** S. 37/2, S. 150/1 **H. Reinhard/Reinhard-Tierfoto, Heiligkreuzsteinach:** S. 23/1, 2, S. 27/1, 2, S. 33/2, S. 35/2, S. 38/1, 2, S. 43/1, S. 44/2, S. 49/1, 2, S. 53/1, S. 56/1, 2, S. 65/1, S. 66/1, S. 69/2, 3, S. 70/4, S. 75/1, 2, S. 79/2, 3, S. 80/1, S. 84/2, S. 88/3, S. 99/1–3, S. 101/2, S. 102/1, S. 110/1, S. 112/1, S. 115/4, S. 116/1, 2, S. 129/2, S. 139/2, S. 142/2, S. 154/3, S. 157/1, S. 159/2, 3, S. 160/2, S. 163/1, 2, S. 165/2, 3, S. 167/1, 4, S. 171/u., S. 181/1, S. 183/2, S. 184/1, 2, S. 187/1, S. 189/1 **N. Reinhard, Heiligkreuzsteinach:** S. 51/1, S. 167/3 **A. Rixon/Solitaire:** S. 174/1 **Silvestris Fotoservice, Kastl:** S. 80/2 (R. Bauer), S. 88/1 (L. Lothar), 2, S. 93/1 (W. Langer), S. 101/3 (Sunset), S. 102/2 (A. Berger), S. 110/2 (W. Layer), S. 119/2 (A. N. T.), S. 138/1 (L. Lenz), S. 140/2 (S. Kerscher), 3 (L. Lenz), S. 142/1 (A. N. T.), 3, S. 156 (G. Lacz), S. 157/2 (M. Danegger), S. 167/5 (S. Kerscher) **Stella – The World of Entertainement, Hamburg:** S. 54/1, S. 55/2, 3 (R. Brinkhoff), 4 **Stockmarket:** S. 35/1 **E. Thiem/ Lotus-Film, Kaufbeuren:** S. 36, S. 37/1, S. 46 **S. A. Thompson/Animal Photography:** S. 59/2, 3, S. 140/1 **Tony Stone Images, München:** S. 24/1 **Verein deutscher Katzenfreunde e.V., München:** S. 125/1, 2 **The Walt Disney Company, Eschborn:** S. 61/3

Wir danken **Effem GmbH, Verden** für die großzügige Überlassung von Bildmaterial (S. 40/1, 2, S. 65/3, S. 66/2, S. 77/1, S. 109/1, S. 120/u., S. 121/2, 3, S. 132/3, S. 167/2, S. 187/o.).

Illustrationen: **Team Media Ltd.**
S. 41, S. 69/1, S. 76, S. 114/1, S. 115/2, S. 133, S. 139/3, 4, S. 154/1, S. 168, S. 176, S. 183/1

Inhaber von Urheber- und/oder Nutzungsrechten an Abbildungsvorlagen, die nicht ermittelt werden konnten, werden gebeten, mit dem Verlag Kontakt aufzunehmen.